AF548898

suhrkamp nova

Zwischen Hass und Haltung erzählt von einer besonderen Bildungsreise. Sie beginnt im postmigrantischen Berlin zu einer Zeit, in der jemand wie Derviş Hızarcı schmerzend selbstverständlich nicht dazugehört. Und sie führt ihn schließlich in die Verantwortung, die Bedingungen für ein gelingendes, vielfältiges Zusammensein jeden Tag neu zu formulieren.

Derviş Hızarcı, geboren 1983 in Berlin, leitet seit 2015 als Vorstandsvorsitzender die Kreuzberger Initiative gegen Antisemitismus (KIgA). Er arbeitete als Lehrer, engagierte sich bei der Türkischen Gemeinde in Berlin und war Antidiskriminierungsbeauftragter der Berliner Senatsverwaltung. Seit 2019 sitzt er im Beratungskreis des Beauftragten der Bundesregierung für jüdisches Leben in Deutschland und den Kampf gegen Antisemitismus. Für sein Engagement in der Einwanderungsgesellschaft – insbesondere im Zusammenhang des jüdisch-muslimischen Dialogs – bekam er die Verdienstmedaille der Bundesrepublik Deutschland aus den Händen von Bundespräsident Frank-Walter Steinmeier verliehen. In Interviews und Beiträgen in der *Jüdischen Allgemeinen*, der *taz*, im *Tagesspiegel* meldet sich Derviş Hızarcı regelmäßig als Experte zu Wort. Als leidenschaftlicher Fußballer spielt er seit zehn Jahren bei TuS Makkabi Berlin.

Derviş Hızarcı

Zwischen Hass und Haltung

Was wir als Migrationsgesellschaft lernen müssen

Suhrkamp

Erste Auflage 2024
suhrkamp taschenbuch 5447
Originalausgabe

Umschlaggestaltung: Brian Barth, Berlin
Satz: Greiner & Reichel, Köln
Druck und Bindung: CPI books GmbH, Leck
ISBN 978-3-518-47447-1

www.suhrkamp.de

Zwischen Hass und Haltung

»Komm, wer auch immer du bist, komm.
Ob du Ungläubiger, Feueranbeter oder
Götzendiener bist, komm.
Unsere Tür ist nicht eine der Verzweiflung.
Selbst wenn du deine Gelübde hundert Mal
gebrochen hast,
komm wer auch immer Du bist!«

– *nach Rumi*

Für meine Kinder – für alle Kinder

Was, wenn es klappt? – eine Einleitung

Nasreddin Hodscha sitzt mit einem Löffel am Ufer des Akşehir-Sees und rührt mit irritierender Selbstverständlichkeit im Wasser. Ein Dorfbewohner beobachtet das Ganze mit großem Staunen und fragt:

»Was tust du denn da, Hodscha?«

»Ich setze Joghurt an.«

»Wie soll denn in einem See Joghurt entstehen? Das ist unmöglich!«

»Ich weiß«, sagt der Hodscha, »aber was, wenn es klappt?«

Meine Familie stammt ursprünglich aus Zentralanatolien. Joghurt ist eine der wenigen Erfindungen, auf die die Menschen dort sehr stolz sind. Seit Jahrhunderten stellen sie ihn selbst her. »Meine Mutter macht den besten Joghurt« ist ein Satz, den man dort oft zu hören bekommt. Die Anekdote von Nasreddin Hodscha erzählt dementsprechend von der Kraft des Glaubens, der Zuversicht und dem Mut, Dinge anzupacken, auch wenn sie unmöglich erscheinen. Und das eben mit irritierender Selbstverständlichkeit.

Warum beginne ich mit einer Anekdote aus dem Morgenland? Gibt es hier keine ähnliche Geschichte? Gibt es hier keine tollkühnen Helden, die voller Hoffnung gegen Windmühlen kämpfen? Gewiss.

Ich habe mich für Nasreddin Hodscha entschieden, weil ich mit seinen Geschichten groß geworden bin und weil ich hier lebe. Mir ist bewusst, dass dieses »hier« immer ein Konstrukt ist. »Wir sind hier in Deutschland!«, brüllte mal eine

Kollegin im Unterricht die Kinder an. Sie waren laut gewesen und störten. Und sie wollte ihnen zeigen, wo der Hammer hängt. In Deutschland!

Das »hier«, das ich zum Ausdruck bringen will, schließt Geschichten aus Zentralanatolien ebenso selbstverständlich ein wie solche aus dem antiken Griechenland, dem mittelalterlichen Italien, dem England der Neuzeit und aus dem Land, das einst das der Dichter und Denker war.

Die Geschichte vom Hodscha ist ein Teil von mir. Somit wird sie auch ein Teil von hier. Das ist die Realität der deutschen Migrationsgesellschaft. Mit »Migrationsgesellschaft« verwende ich einen Begriff, der uns präziser beschreibt als andere. Denn in Deutschland waren Migrationsbewegungen schon immer vorhanden. Diese Erkenntnis ist weder neu noch revolutionär. Das Besondere an dieser Feststellung ist nur, wie viel Abwehr sie auslöst.

Dass die Geschichten aus dem antiken Griechenland, aus Italien, Spanien bis zu dem England der Neuzeit hier zum Bildungskanon gehören, zeigt: Andere haben es auch »hierher« geschafft. Geben wir diesen Geschichten Raum, hilft uns das dabei, andere Kulturen, andere Identitäten zu begreifen und wertzuschätzen. Niemand verliert, wenn wir mehr von ihnen aufnehmen. Vielmehr gibt es allen Menschen die Möglichkeit, sich mit einem »hier« zu identifizieren, das Vielfalt einschließt. Und es schafft Vertrauen, baut Brücken, fördert gegenseitiges Verständnis. Das ist nicht nur für die »Neuen« – von Ruhrpolen in der neunten Generation über meine Eltern, die immerhin seit 1969 hier sind, bis zu den Geflüchteten aus der Ukraine der letzten Jahre – wichtig, sondern auch für die »Alten« – Vertriebene aus Schlesien, ostdeutsche Arbeitsmigranten der Wendezeit und Exilschwaben im Prenzlauer Berg.

Der Versuch, das Trennende zu betonen, immer wieder darzulegen, was vermeintlich nicht hierhergehört, ist zum Scheitern verurteilt. Damit hat sich Deutschland in seiner jüngeren Geschichte wieder und wieder verrannt. Auch wenn diese Sackgassen nichts Exklusives für Deutschland sind und Menschheitsverbrechen genauso von anderen und anderswo begangen wurden, so haben wir dennoch mit zwei Weltkriegen und dem Holocaust für grausame Einzigartigkeit und Präzedenzlosigkeit gesorgt.

Die Shoah ist ein unfassbarer Zivilisationsbruch. Diese größtmögliche Zäsur verpflichtet uns zur Auseinandersetzung mit den Geschichten der Opfer. Wir erinnern und gedenken an Menschen, die systematisch, brutal, maschinell, massenhaft gefoltert, ermordet, bis ins Letzte erniedrigt und entmenschlicht wurden. Doch es ist nicht so, dass wir im bisherigen Rahmen, den wir im Kontext der Erinnerungskultur gesetzt haben, ausreichend gut gefahren sind. Das belegt zum Beispiel die Studie der Körber-Stiftung, die herausfand, dass nur vier von zehn Jugendlichen ab vierzehn Jahren mit dem Begriff »Auschwitz« überhaupt etwas anfangen können.[1] Die gegenwärtige Erinnerungskultur wird aus vielen Gründen in Frage gestellt. Denn sie schafft es nicht, alle einzuladen und einzubeziehen. Sie ermöglicht Jugendlichen nicht, sich zu erinnern, zu verstehen oder identitätsstiftende Haltungs- und Handlungsmaximen zu entwickeln.

In einer vielfältigen Migrationsgesellschaft kann Erinnerung nicht eindimensional gedacht werden. Wir können zwar den »herkunftsdeutschen« Manuel nach seinen familiären Bezügen zum Dritten Reich befragen. Bei Menschen mit sogenannten Migrationshintergründen geht das jedoch in den seltensten Fällen auf, da sie in ihren eigenen Familienbiografien keine Anknüpfung finden und von den gewohnten

Zugängen ausgeschlossen werden. Geschichte und Erinnern muss multiperspektivisch betrachtet werden. Wir brauchen dringend andere Zugänge. Wir müssen die Geschichten derer mitdenken, die nicht hier geboren, nicht hier aufgewachsen sind.

Zwei wesentliche Zäsuren geben dieser Gebrauchsanleitung für eine funktionierende Migrationsgesellschaft den Rahmen:

Zum einen der 11. September, in dessen Anschluss Musliminnen und Muslime in westlichen Gesellschaften ins Fadenkreuz gerieten. Zunächst über Jahre wenig bis kaum beachtet, befanden »wir« uns plötzlich im Zentrum der Diskussionen. Und die Reaktionen auf die furchtbaren Anschläge in den USA hallen bis heute nach, haben mein Selbstverständnis als in Deutschland lebender Muslim nachhaltig geprägt. Musliminnen und Muslime wurden ab diesem Zeitpunkt zu einem Kollektiv gemacht. Aus Individuen wurde ein »ihr«, eine diffuse Gruppe, die unter Generalverdacht stand. Seither folgen auf Anschläge von radikal-islamischen Fanatikern immer dieselben Forderungen: »Distanziert euch!«, was für mich so viel bedeutet wie: »Ihr seid verdächtig.« Ob schuldig oder nicht, unser neuer Platz ist die Anklagebank. Und wer dort sitzt, rechtfertigt sich und versucht, seine Unschuld zu beweisen. Keine gesunde Voraussetzung für ein friedliches Zusammenleben auf Augenhöhe.

Zum anderen der fürchterliche Terrorangriff der Hamas auf Israel vom 7. Oktober 2023: Noch bevor wir auch nur den Hauch einer Chance hatten, die Monstrosität der Anschläge zu begreifen und einzuordnen, wurden ähnliche Forderungen laut: »Distanziert euch!« Das Holz der Anklagebank ist zu ungemütlich, als dass man es sich auf ihr gemütlich machen könnte. Erneut griffen dieselben Selbstverteidigungsreflexe. Natürlich kann ich verstehen, dass Menschen sagen: »Da passiert etwas Unfassbares! Also tut was!« Aber für wen passiert hier Unfassbares, warum sollten »wir« das anders greifen und was genau sollen wir denn tun, was nicht für uns alle gilt: Mitgefühl zeigen, zuhören, solidarisch sein.

Obwohl es in den letzten Jahren bereits vielfach gesagt wurde und daher droht, zu einer Phrase zu verkommen: »Die Muslime« existieren nicht. Und »der Muslim« übrigens genauso wenig. Ich zum Beispiel bin zwar Muslim, aber eben nicht nur. Ich bin auch Demokrat, auch Mann, ein Schwarzkopf (selbst wenn's immer grauer wird), ein Fußballer (auch wenn immer häufiger auf der Ersatzbank zu finden), ein Neuköllner (der in Charlottenburg lebt), ein Lehrer (der nicht mehr an der Schule arbeitet), ein Exmann und ein Ehemann, ein Genusstrinker, um den man sich nicht zu sorgen braucht. Ich liebe Hunde, habe aber einen Kater. Und noch vieles mehr. Ein Label reicht mir nicht. Ein Label wird niemandem je gerecht. Und wenn es schon bei einer Person derart schwierig wird, wie soll es da für 1,9 Milliarden Menschen passen?

Und dennoch schreibe ich als Muslim: Ich glaube daran, dass Allah die Menschen in Vielfalt, also unterschiedlich – sprachlich, ethnisch, kulturell, geschlechtlich – erschaffen hat, damit wir einander kennenlernen.[2] Nicht damit wir uns aus dem Weg gehen, uns ausgrenzen, hassen oder einander die Köpfe einschlagen, sind wir vielfältig. Sondern vielmehr sind wir es, damit es nicht langweilig wird, wir neugierig aufeinander bleiben und uns füreinander interessieren. Wir müssen Vielfalt im vielfältigsten Sinne – mehrsprachig, multiethnisch, interkulturell, transgeschlechtlich und alles daneben und dazwischen – erkennen und akzeptieren. Und wir dürfen den Glauben an das Wort und die Argumente nicht verlieren.

Wenn Nasreddin Hodscha den Wunsch hegt, den gesamten Akşehir-See in Joghurt zu verwandeln, dann hoffe ich – so viel Hybris sei mir erlaubt – mit diesem Buch unsere Gesellschaft zu verändern. Ein großes Unterfangen, fast unmöglich. Doch die Frage von Nasreddin Hodscha lässt mich nicht mehr los, seit ich sie als Kind zum ersten Mal gehört habe:

Was, wenn es klappt?

Zäsuren

»Justice must be done. But I caution this: while you feel that rage, don't be consumed by it. After 9/11, we were enraged in the United States. While we sought justice and got justice, we also made mistakes.« – Joe Biden[3]

Es ist ein ganz gewöhnlicher Tag. Ein Tag wie jeder andere. Es ist Samstag. Meine Kinder sind bei mir, langsam werden wir alle wach, wir beginnen, das Frühstück vorzubereiten. Während wir dann zusammensitzen, schaue ich auf mein Handy. Eine Flut an Nachrichten, Tickermeldungen, Push-Benachrichtigungen lassen meinen Bildschirm so voll aussehen wie lange nicht. Mein erster Gedanke: »Oh, fuck, jetzt kommt was Großes auf uns zu!« Ich erstarre, schaue paralysiert auf das Display. Und es hört nicht auf, mein Handy brummt und brummt und immer mehr Nachrichten und Tickermeldungen erscheinen.

Schlechte Nachrichten aus Israel bin ich leider gewohnt. Spätestens seit der zweiten Intifada Anfang der 2000er vergeht keine Jahreszeit ohne Schreckensnachrichten aus der Region. Der »Israel-Palästina-Konflikt« ist ein besonderer Konflikt. Was ihn so besonders macht, ist die Tatsache, dass er so viele Menschen triggert. In Deutschland leben zehntausende Israelinnen und Israelis und zehntausende Palästinenserinnen und Palästinenser. Hier leben hunderttausend Jüdinnen und Juden und Millionen Musliminnen und Muslime. Und zusätzlich empfinden Millionen Deutsche, auf die ein oder andere Weise, eine besondere Verbundenheit. Das, was da unten passiert, schafft es immer auch nach Deutschland.

Ich kenne das schon und fühle mich eigentlich vorbereitet. Doch heute, am Morgen des 7. Oktober 2023, ist es anders. Die ersten Bilder wirken surreal. Allein deswegen, weil ich sie nicht wahrhaben will. Terroristen, die mit Fallschirmen in Israel einfallen, mit dem Ziel, möglichst viel Schaden anzurichten. Keinen Sachschaden natürlich, sondern brutale Gewalt, Zerstörung, Tod und Leid. Es ist nicht wie sonst, keine gewaltvolle Auseinandersetzung an einem Grenzübergang oder einem Militärstützpunkt, wenngleich auch das schon schlimm genug ist. Es ist purer Terror gegen die Zivilbevölkerung. Unter den Opfern junge Menschen, die einfach nur feiern wollten, Familien in ihren Häusern, alte Menschen in Heimen. Am Ende über 1200 Todesopfer, weit über 5000 Verletzte und hunderte Geiseln, von denen viele heute noch in Gefangenschaft sind. Ich mache mir Sorgen um die Menschen dort, habe Angst, und Verzweiflung kommt in mir hoch. Mich überkommt dasselbe Gefühl wie vor vielen Jahren am 11. September.

Damals kam ich an einem ganz gewöhnlichen Tag von der Schule nach Hause, der Ranzen flog als Erstes in die Ecke, rauf aufs Sofa, Fernseher an. Und ich betrachtete dann diese ersten Bilder, fühlte mich in einen amerikanischen Science-Fiction-Film versetzt: New Yorks Skyline, die Zwillingstürme, Rauch, der Einschlag der zweiten Maschine. Wir waren alle geschockt von den Bildern, konnten unseren Augen kaum trauen, wollten nicht glauben, was sich dort Schreckliches abspielte.

Genauso fühlt sich der Morgen des 7. Oktober für mich an. Wahllos beginne ich einfach denjenigen zu schreiben, die mir sofort einfallen. Freunde in Israel. Jüdische und israelische Freunde in Berlin und Deutschland. Ich schreibe SMS, Whatsapps im Stakkato. Geht es allen gut? Der Familie? Den Freunden, ihren Freunden, deren Familien? So verbringe ich den gesamten Morgen. Mir wird geantwortet, dass es den Menschen, denen ich schreibe, »gut« geht. Sie berichten mir, dass sie entweder im Haus oder in der unmittelbaren Nachbarschaft Sicherheitsräume aufgesucht haben. Alle sprechen von unfassbar großer Angst und sie erzählen mir, dass sie Menschen kennen, die vermisst werden.

Wie am 11. September kann ich mich vor der Flut an Informationen und Bildern nicht retten. Die Aufnahmen vom Nova Music Festival mit 360 Toten, die fliehenden, verzweifelten Menschen, die wackeligen Handyclips in den gestürmten israelischen Gebieten. Bilder jubelnder Massen in Gaza folgen, von verschleppten und geschändeten Frauenkörpern, entstellten Leichen, erste Berichte über massenhafte Folter, Vergewaltigungen, die Flut an Eindrücken, sie ist nicht auszuhalten. Ich zähle mich selbst eigentlich eher zu den Optimisten, doch die Ohnmacht obsiegt, meine Hoffnung schwindet an diesem Samstag im Oktober.

Im Laufe des Tages, nachdem der erste Schock vergangen ist, vermengen sich die Gefühle von Verzweiflung, Wut, Mitleid und Schmerz zu einer diffusen Angst. Nicht vor Krieg, nicht vor den Folgen, die ohnehin nicht in Worte zu fassen sind. Es ist eine Angst um meine Kinder. Nach dem 11. September war ich und mit mir eine ganze Generation von Muslimen Stigmatisierungen und Schuldzuweisungen ausgesetzt. Wir wurden wegen unserer Herkunft, unseres Glaubens oder unseres Äußeren in die Nähe von Terroristen gerückt. Ich denke an meine Kinder und kann mich dieser Sorge nicht erwehren.

Am Sonntag, einen Tag nach dem Hamas-Massaker, gehe ich zum Brandenburger Tor zur Solidaritätskundgebung. Dort sind viele Menschen, die ich kenne. Freundinnen und Freunde, Weggefährten, Mitstreiterinnen. Die Reden dort lösen in mir Widerstand aus. Sie sind einseitig. Politisch. Geben wenig Raum für Trauer. Der Schmerz ist frisch. Ich erinnere mich an Verluste in meinem Umfeld, meiner Familie. Mit dreizehn Jahren habe ich meine Schwester verloren. Die Tage, Wochen und Monate danach bildeten eine dunkle, tiefe Schmerz- und Trauerphase.

Ich stehe am Brandenburger Tor. Wir zeigen Solidarität. Können es alle nicht fassen, welches Leid die Hamas gestern über Israel gebracht hat. Nach und nach kommen Freunde und Bekannte auf mich zu. Wir umarmen uns, reden leise miteinander. Einige haben Fragen. »Derviş«, werde ich gefragt, »Was wird morgen sein?«; »Was passiert morgen in den Schulen, was wird dort los sein?«. Ich weiß natürlich keine genaue Antwort. Aber ich habe eine Ahnung. Zu manchen sage ich vorsichtig: »Ja, das wird knallen morgen.«

Und Montag knallt es dann tatsächlich. An einem Gymnasium in Neukölln kommt es sogar zu Gewalt zwischen Lehrern und Schülern. Schon am Wochenende, als wirklich noch niemand die Tragweite des Massakers in Gänze erfasst hatte, liefen bereits Aktionen pro-palästinensischer Menschen in Berlin. Sie sind nicht nur pro-palästinensisch, sondern auch ganz klar antisemitisch. Israelhasser. Über tausend Menschen sterben, unzählige werden entführt, Kinder, Jugendliche, Frauen, Alte und Junge. Die Hamas macht vor nichts und niemandem Halt. Und in Neukölln stehen Menschen auf der Straße und verteilen aus »Freude« über das Massaker Baklava. Sie gehören zur inzwischen verbotenen Gruppierung »Samidoun«.

Als Mensch, als Vater, als Muslim, als Berliner und insbesondere als Neuköllner mit gewissem Bezirkspatriotismus spüre ich Scham, Erschütterung, Wut im ganzen Körper angesichts dieser Bösartigkeit. Als gläubiger Muslim, der sich freitags »Gott ist groß« rufend auf den Gebetsteppich niederwirft, halte ich das nicht aus. Die »Allahu Akbar«-Rufe auf der Sonnenallee genauso wenig wie die der Männer, die geschändete Frauenkörper auf Trucks durch Gaza fahren. Die Positionierung der Türkei lässt mich ebenfalls verzweifeln. Die Haltung des Staates, den ich zu meiner Heimat zähle, beschämt mich. Die fehlende Anteilnahme, die ausbleibende Solidarität im Angesicht schrecklichster Verbrechen und unendlichen Leids sind für mich einfach unerklärlich.

Ab dem 9. Oktober lässt mir mein Handy keine ruhige Minute mehr. Stunden um Stunden an Telefonaten und Interviews. Wenn ich nicht am Handy bin, beantworte ich nonstop Beratungsanfragen per Mail. Ich besuche Schulen, spreche mit Schulleitungen, der Schulaufsicht und pädagogischem Personal. Mit Familien betroffener Menschen spreche ich. Mit Kindern und Jugendlichen. Gleichzeitig versuche ich, Leute zu erreichen und miteinander zu vernetzen, von denen ich mir erhoffe, dass sie gemeinsam deeskalierend wirken können. Menschen, die politisch, journalistisch und auch auf Social Media Einfluss und Reichweite haben. Mein Telefon ist mein stetiger Begleiter in diesen Tagen, bis ich zum ersten Mal in meinem Leben eine Sehnenscheidenentzündung bekomme. Der Arzt sagt, damit ich es auch verstehe: »Diagnose Tennisarm«.

Die Hamas ruft kurz nach dem Massaker zum »Tag des Zorns« auf. In Berlin haben alle Angst, befürchten Schlimmes. Aus Sorge über Anschläge drohen öffentliche Veranstaltungen abgesagt zu werden. Am gleichen Tag spielt meine Fußballmannschaft, TUS Makkabi Berlin, ein jüdischer Traditionsverein. Wir machen uns Gedanken, ob wir auflaufen sollen. Am Ende stehen wir auf dem Platz. Wir wollen uns dem Terror nicht beugen, wollen solidarisch mit den Opfern der Hamas sein und ein sichtbares Zeichen setzen. Polizeibeamte schützen das Spiel, ich stehe mit meinem Sohn verletzungsbedingt an der Seitenlinie. Makkabi Chai!

Ich stehe viel in diesen Tagen. Auf Mahnwachen, auf Kundgebungen, während der Gedenkminuten. Wer jetzt keine Haltung zeigt, der hat kein Rückgrat. Wer jetzt nicht fähig ist zu Empathie, verrät die Menschlichkeit. Und doch sind all das eher Gesten der Hilflosigkeit. Gesten, die oft nicht mehr als das sind, was sie halt sind: Gesten.

Nur wenige Tage vergehen, kaum bleibt Zeit für Trauer, Raum für Schmerz und Tränen, da sind die Forderungen wieder da. Forderungen nach Bekenntnissen, der Bekenntniszwang. Und ringsherum Einseitigkeit. Trauerveranstaltungen, stilles Gedenken, weinen, Kerzen anzünden und Blumen niederlegen? All das weicht Veranstaltungen, auf denen politische Forderungen laut werden. Die alten antimuslimischen Ressentiments werden mit neuem Leben gefüllt. Man hat den Eindruck, es geht mehr um Muslime als Problem in Deutschland als um eine tatsächliche Solidarität mit Israel. Wir reden und viele von uns hetzen über Eingewanderte, sind sich nicht zu schade, Schülerinnen und Schüler zu dämonisieren. Es geht wieder viel um Neukölln. Schnell taucht der Begriff des »importierten Antisemitismus« auf. In Schulen werden Forderungen nach Verboten laut. Palästina-Flagge: Verbieten! Kufiya: Verbieten! Es sind populistische Auswüchse enormer Ahnungs- oder Hilflosigkeit, untersetzt von Rassismus und Diskriminierung. Nur wenige kommen auf die

Idee zu sagen »Stopp mal, ergeben diese Maßnahmen überhaupt Sinn?«

Zeitgleich vernimmt man in all dem Chaos und Wirrwarr der Ideenlosigkeit ständig »Staatsräson Israel«. Die einzig richtige, notwendige deutsche Haltung zum Staat Israel, erwachsen aus deutscher Schuld, deutscher Vergangenheitsbewältigung und deutscher Verantwortung. Nur leider haben wir es zuvor nie geschafft, diese Haltung von der politischen Bekenntnisbühne durch eine adäquate Vermittlungs- und Kommunikationsleistung in die Mitte der Gesellschaft zu tragen. Und so bleibt die Idee von der »Staatsräson Israel« auch in diesen Tagen vor allem Teil des politischen Schauspiels. Sie wird zwar gerne staatstragend vorgebracht, aber bedauerlicherweise in weiten Teilen der Gesellschaft nicht unterstützt. Statt zu problematisieren, dass viele die Staatsräson nicht mittragen, müssten wir den Spieß eigentlich umdrehen und ehrlich fragen: Warum sind wir daran gescheitert, die deutsche Staatsräson in der Gesellschaft zu verankern? Warum schaffen wir es nicht, dass alle mitmachen und verstehen, weshalb diese Haltung mit Merkels Worten »alternativlos« ist?

Beantworten wir diese Fragen nicht, riskieren wir, gesellschaftlich noch weiter auseinanderzudriften. Wir riskieren Brüche. Muslimische Menschen, die kollektiv zu Sündenböcken, Antisemiten und nun auch wieder zu Staatsfeinden erklärt werden, kann man nicht integrieren. Sie laufen Gefahr, aufgrund dieser rassistischen und stigmatisierenden Fremdzuschreibungen mit unserer Gesellschaft zu brechen. Und dann verlieren wir Menschen. An Rattenfänger. Sie werden angezogen von denen, die Massaker mit Baklava feiern.

Deutsche Jugendliche haben sich schon einmal radikalisiert und sind in Syrien und im Irak in den Krieg gegen den

Westen gezogen. Auch der Umgang mit Musliminnen und Muslimen in Deutschland nach dem 11. September schuf die Voraussetzungen, dass Terrororganisationen wie der sogenannte »Islamische Staat« Menschen aus unserer Mitte rekrutieren konnten. Wir als Gesellschaft trugen zweifelsohne unseren Teil bei. Brechen Kinder und Jugendliche wegen Stigmatisierung und Diskriminierung mit Deutschland, gefährden wir nicht nur die »Staatsräson Israel«, sondern wir gefährden die Demokratie, die diese Staatsräson trägt.

Ich behaupte nicht, dass Diskriminierungserfahrungen den alleinigen Grund für Radikalisierungen darstellen. Dafür braucht es mehr. Doch die Erfahrung der Andersmachung, Ausgrenzung und Herabwürdigung liefert wichtige Anknüpfungspunkte extremistischer Propaganda. Wir spielen mit unserem Hass und der Intoleranz den Hassern in die Hände. Als ich selbst nach dem 11. September vom Umgang der Medien mit Muslimen angewidert war, zogen mich antisemitische Verschwörungserzählungen stark an. Meine gewaltige Erklärungs- und Behauptungsnot gegenüber Lehrerinnen, Nachbarn, Dozenten, so ziemlich allen, überwältigte und ermüdete mich. Wie viele andere Muslime konnte ich mir unsere unendliche Ohnmacht nur mit einer Übermacht erklären: den Juden! Wir waren offensichtlich Opfer. Also musste es Schuldige, musste es Täter geben.

Und so diente die jüdische Verschwörung als Erklärung für alles. Zwar schafften es die Rattenfänger nicht, mich und die Menschen um mich herum für ihre Sache zu gewinnen. Dennoch hinterließ der Antisemitismus seine Spuren. Er war in dieser Zeit allgegenwärtig. Im Netz kursierten zahllose Filme und vermeintliche Dokus. Die Al-Nur-Moschee in meiner Neuköllner Nachbarschaft war einer der islamistisch-extremistischen Hotspots. Unmöglich, sich alldem zu entziehen. Manche meiner Freunde besuchten die Moschee auch außerhalb der Gebetszeiten, hörten sich die Predigten an. Deso Dog, eigentlich Denis Cuspert, der bekannte Rapper und spätere IS-Propagandist, war in unserer Nachbarschaft unterwegs und man grüßte sich. Es war eine unglaublich aufgeheizte Zeit. Al Qaida, zweite Intifada, Mohammed-Karikaturen, Anschläge auf Bali, in London, Madrid, Mumbai, Thilo Sarrazin, die Taliban, Irak, Afghanistan, Osama bin Laden, Guantanamo, George W. Bush ... Es war viel. Einfach zu viel.

Ich fing an, mich inhaltlich mit diesen Themen auseinanderzusetzen. Im Politikstudium setzte ich einen Fokus auf den politischen Islam, dann den islamistischen Extremismus. Schnell fiel mir auf, was für eine zentrale Rolle der Antisemitismus unter Islamisten spielt. Gleichzeitig wurde ich selbst in dieser Zeit religiöser. Ich las den Koran, betete fünfmal am Tag. Mein Verständnis vom Islam war eins, das Hass und Gewalt ablehnt. Daher begann ich mein Engagement für Dialog und gegen Judenhass. Und meine Rolle als der, der seinen Lehrerinnen, später Dozenten, Nachbarn und Freundinnen, erklären musste, warum die Muslime so sind, wie sie sind, bzw. nicht so sind, wie manche denken, wandelte sich. Nun musste ich erklären, dass es kein Mastermind gibt, das die Geschicke der Welt lenkt und die Muslime unterdrückt. Ich musste erklären, dass das Antisemitismus ist und Antisemitismus etwas Schlechtes ist.

Seit dem 11. September mag ich meine Rolle nicht. Seit über zwanzig Jahren bin ich quasi in der Verteidigung. Dabei spiele ich bei TUS Makkabi im Sturm. Ich bin geboren, um Tore zu schießen. Und gäbe es neben Nasreddin Hodscha keine guten Menschen wie meinen Grundschullehrer Herrn Holler, unsere Nachbarin Vera, meinen Trauzeugen Pater Thomas, den smarten Christoph, die starke Silke oder Reinhold, Juliane, Daniel, Klaus, Sonia, Martin, Mati, Alex oder Fiona, Lars oder Martina, Paul, Dominik, Christian, Bruno oder Lothar, und noch viele mehr, die mir Mut gemacht haben und von denen ich Zuspruch erfahren habe, die mich akzeptiert und unterstützt haben, dann hätte ich längst das Handtuch geschmissen. Die Guten können eben den Unterschied machen.

Wir müssen bloß handeln. Wir können uns keine Gleichgültigkeit leisten. Wir müssen hinschauen bei Diskriminierung, Antisemitismus, Rassismus und Hass. Wir könnten natürlich anders. Könnten wegschauen. Und ja: Wir müssen natürlich alle – außer atmen und sterben – zunächst einmal nichts. Doch wenn wir nicht handeln, auf Antisemitismus nicht die passenden Antworten finden, keine Grenzen setzen und gleichzeitig die vermeintlich oder tatsächlich »anderen« zu Sündenböcken machen, dann laufen wir sehenden Auges in eine Katastrophe.

Elie Wiesel, Holocaustüberlebender, Autor, Friedensnobelpreisträger, hat vor der Gefahr der Gleichgültigkeit stets gewarnt und geschworen, niemals zu schweigen, wann immer und wo immer ein Mensch leidet: »Man muss immer Partei ergreifen. Neutralität hilft dem Unterdrücker, niemals dem Unterdrückten.«[4]

»In Gaza sterben Kinder« ist eine Äußerung, die man häufig hört. Die Reaktionen darauf reichen von »Die Hamas ist daran schuld« zu »In Gaza ist niemand unschuldig« oder »Die Hamas benutzt Kinder als Schutzschilder« bis hin zu »So viele Kinder sterben da gar nicht, die Zahlen sind Fake«. Häufig wird auch auf die mittelalterliche antijüdische »Ritualmordlegende« hingewiesen. Wahr ist, dass die Hamas und andere Antisemiten an der Ritualmordlegende andocken und diese im Zusammenhang mit Israel häufig benutzen. Dies muss man erkennen und entlarven.

Die Opferzahlen seit der israelischen Offensive in Gaza sind zwar je nach Quelle unterschiedlich hoch, doch Fakt ist: Menschen sterben. Kinder sterben. Nicht alle, die von sterbenden Kindern sprechen, haben dieses historische Wissen oder sind Hamas-Propagandaminister. Als Geschichtslehrer würde ich mir so viel Wissen auch schon bei Jugendlichen wünschen, weiß aber, dass es gar Erwachsenen fehlt, und vielmehr weiß ich, dass es meine Aufgabe ist, dieses Wissen erst zu vermitteln. Wir müssen etwas leisten. Und zwar: Die Anstrengung, zu unterscheiden, ob jemand aus Betroffenheit oder Menschlichkeit spricht oder aus niederträchtigen Motiven heraus tote Kinder für billigen Antisemitismus und bösartigen Israelhass missbraucht. Dementsprechend muss jemand, der zum Beispiel sagt: »Die Hamas benutzt Kinder als Schutzschilde«, Zweifel daran aushalten, ob mit dieser Aussage ein ehrliches Interesse am Leid der Kinder in Gaza ausgedrückt wird. Wie rechtfertigt man den Tod eines Kindes? Wie erklärt man den Tod von Kindern?

Leid ist keine Größe, die mit Anteilnahme schrumpft oder wächst. Die Anerkennung von Leid auf der einen Seite negiert nicht das Leiden auf der anderen Seite. Doch sie ermöglicht es in einem ersten Schritt, die Tragweite, die Komplexität, die schiere Unlösbarkeit eher zu begreifen.

Doch in den Wochen nach dem 7. Oktober beginnen Menschen, im politischen Betrieb, im Journalismus, zu selektieren. Leid wird selektiv wahrgenommen. Todeszahlen werden selektiv wahrgenommen. Der Humanismus verkommt zu einem selektiven Humanismus.

Du sollst nicht töten bzw. morde nicht! Sowohl die Thora als auch der Koran betrachten Mord als maximale Sünde:

Wer einen Menschen tötet, tötet die ganze Menschheit. Jeder Tote reißt ein Loch in eine Familie. Hinter welcher Grenze ein Mensch auch stirbt: Es bleibt ein Mensch, der nicht mehr ist. Der geliebt wurde und nun für immer fehlt.

Auf den Fakt »Kinder sterben in Gaza« kann demnach nur eine richtige Reaktion folgen. Trauer und Mitgefühl: »Das ist traurig.« Umgekehrt gilt das selbstredend auch für die zahlreichen Opfer des Hamas-Terrors am 7. Oktober. Wer Opfer entmenschlicht oder es gar schafft, das Tragische zu ignorieren, und direkt reflexhaft und ausschließlich in Schuldzuweisungen verfällt, verpasst die Chance auf Menschlichkeit. In Zeiten, in denen größte Unmenschlichkeiten passieren, ist diese notwendiger denn je. Sowohl die Thora als auch der Koran sagen: »Wer ein Menschenleben rettet, rettet die ganze Menschheit.« Doch die Menschen, die die Menschlichkeit nicht von Bekenntnissen, Herkunft oder Hautfarbe abhängig machen, sehen sich derzeit heftigen Angriffen ausgesetzt.

Identitäten

»Arbeitskräfte wurde gerufen
Unsere deutsche Freunde
Aber Menschen sind gekommen
Unsere deutsche Freunde
Nicht Maschinen sondern Menschen
Aber Menschen sind gekommen.«[5]

In seinem ›Gastarbeiter Song‹ »Deutsche Freunde« singt Ozan Ata Canani weiter: »Ich frage euch, wo wir hingehören?« Für meinen Vater war immer klar, dass wir hier bleiben und uns in Berlin ein Leben aufbauen werden.

Die Fragen nach dem Ort, wohin wir gehören, und somit nach Zugehörigkeit ließen sich weder für meine Eltern damals beantworten, noch ist es heute so, dass mich die entstandenen Antworten selbst zufrieden stellen. Was ich als Einwandererkind der zweiten Generation und als Vater von drei Kindern weiß, und dazu bräuchte ich weder Einwandererkind sein noch selbst Kinder haben, ist, dass jeder Mensch Teil von etwas sein möchte.

Zugehörigkeit ist eine große Sache. Aus diesem Grund beschäftigt sie uns ein Leben lang. Ob entlang der Idee der Familie oder als homosexueller Mann in der Schwulen-Community, als Fußballer in der Nationalmannschaft oder eben als ein Mensch mit Migrationsgeschichte in Deutschland. Man braucht in der Schule nur mal bei einer einfachen Übung im Unterricht die Klasse in »Team Wand« und »Team Fenster« einzuteilen und man kann schon nach wenigen Minuten beobachten, wie Identifikation und Zugehörigkeit entstehen.

Für meine Eltern ergab sich beispielsweise die Möglichkeit, günstig ein Haus in Rudow zu kaufen. Doch der Traum vom Eigenheim platzt. Geld war nicht das Problem. Die Zeit, die Umstände waren das Problem. Das Angebot – so verlockend es auch wirkte –, meine Eltern lehnten es ab. Aus Angst. Angst vor Anfeindungen im bürgerlichen Rudow der 90er. Es waren die sogenannten Baseballschläger-Jahre. Pogrome gegen Migranten gehörten zu den alltäglichen Nachrichten. Ob Rostock-Lichtenhagen 1992, Solingen 1993, es war eine bedrohliche, oft lebensgefährliche Zeit für migrantisch gelesene Menschen in Deutschland.

Ob es heute im Vergleich zu den 90er Jahren anders, gar besser ist? In Rudow wurde 2012 Burak Bektaş ermordet. Aufgeklärt wurde dieser Mord, vermutlich aus rechtsextremen Motiven, bis heute nicht. Eine aktuelle Anschlagsserie in Neukölln ist ebenfalls noch nicht aufgeklärt. Hinzu kommen die NSU-Morde und die Anschläge von Halle und Hanau, das Attentat auf das Olympia-Einkaufszentrum in München – die Auflistung ist erschreckenderweise nicht vollständig.

Unsere Eltern, die Generation, die durch das Anwerbeabkommen nach Deutschland gekommen ist, hatten eine ganz andere Perspektive auf Deutschland. Als sie in dieses Land kamen, hatten sie eine Mission, eine Aufgabe: arbeiten. Der Schauspieler und Comedian Fatih Çevikkollu sagt über sie: »Sie haben nicht gelebt, sondern gearbeitet.« Wir, ihre Kinder, sollten es mal »besser« haben.

Als mein Vater nach Berlin übersiedelt, wird ihm sein »Platz« mehr oder weniger zugewiesen: »Hier gehst du arbeiten«; »Das ist deine Bank«, »Hier versicherst du dich und deine Familie«; »Das ist dein Steuerberater«; »Da könnt ihr wohnen« (in Berlin gab es die Zuzugssperre, man konnte nicht einfach überall wohnen). Alles war geregelt, alles festgelegt! Das erste Wasserglas, das meine Mama in ihrer kleinen Küche im Souterrain eines Seitenflügels im Innenhof eines Kreuzberger Mietshauses hatte, war ein Senfglas. Es war bescheiden. Ähnlich bescheiden war der gesellschaftliche Rang, den man einnahm, und bescheiden waren auch die Erwartungen, die meine Eltern an ihr neues Zuhause hatten. Arbeiten und nicht auffallen. Das waren die wesentlichen Punkte. Die so gepflegte Bescheidenheit, der Drang, nicht aufzufallen, übertrug sich und prägt die Nachkommen dieser Generation bis heute.

Überall, wo mein Vater Arbeit gefunden hatte, ob bei AEG, Raab Karcher, stets war er für seine Kolleginnen und Kollegen Sebastian. Seinen richtigen Namen, Sebahattin, auszusprechen, war den Deutschen Kollegen und Vorgesetzten zu kompliziert. Kompliziert kann nachvollziehbar sein. Warum aber war es die Mühe nicht wert? Mein Vater hat das stets akzeptiert, hingenommen, sich nie dagegen gewehrt. Er dachte sich vielleicht, dass das in diesem Land so üblich ist, denn es konnte ja kein Zufall sein, dass das so häufig vorkommt. Hinzu kam, dass der kollegiale Ton im Zusammenhang mit der Namenstaufe auch positiv konnotiert war. Und sie selbst haben ja deutsche Namen türkisch angepasst: Aus dem Neuköllner Park »Hasenheide« wurde »Hasan Haydar« aus dem »Görlitzer Bahnhof« wurde »Gülizar Bahnhof«, aus der Amrumer Straße »Emir Ömer Straße«.

Namen

In den Integrationsdebatten der letzten Jahre wurde (leider) sehr oft über Namen diskutiert. Nicht nur AfD-Politiker wollen bei bestimmten Vorfällen die Vornamen der Täter bekannt machen. Es irritiert und passt nicht ins Bild der Fragesteller, wenn dann z. B. nach einer Landtagsanfrage der AfD-Fraktion herauskommt, dass im Saarland die meisten Beteiligten an Messerstechereien mit deutscher Staatsbürgerschaft Michael (24 Fälle), Daniel (22 Fälle) und Andreas (20 Fälle) heißen. Von insgesamt 824 Fällen haben 14 Menschen neben der deutschen eine weitere Staatsangehörigkeit, sprich einen sogenannten »Migrationshintergrund«.[6]

Ich heiße Derviş (sprich: Derwisch).

Ist mein Name deutsch?

Kann ein Derviş deutsch sein?

Je nachdem, wie die Antwort ausfällt, gehöre ich also entweder dazu oder bin ein Fremdkörper.

Meine Geschichte ist nicht besonders. Die Geschichte meiner Eltern und meiner Familie ist nicht besonders. Sie ist eine von Abertausenden vergleichbaren Geschichten der sogenannten Gastarbeiter und ihrer Nachkommen. Es ist eine deutsche Geschichte, eng verbunden mit dem Wirtschaftswunder, geprägt durch die deutsche Teilung und ihre besondere Ausprägung in Berlin.

In den Integrationsdebatten der 2000er Jahre wurde zum Beispiel mit dem Begriff »Parallelgesellschaft« impliziert, dass Muslime sich nicht integrieren, sondern regelrecht abschotten würden. Die Rede war von Integrationsunwillen, Integrationsunfähigkeit. Eine fehlende Bereitschaft wurde vermeintlich ausgemacht. Ich möchte nicht den Versuch unternehmen, all das aufzulösen. Ich möchte nicht sagen, dass alles so nicht stimmt, dass es rassistisch ist, stigmatisiert, Stimmung macht und die Opfer und Leidtragenden zu Schuldigen erklärt, während sich die verantwortlichere Seite die Hände in Unschuld wäscht. Migranten und Muslime im Besonderen werden beschuldigt, sich nicht zu beteiligen, sich zurückzuziehen und unserer Gesellschaft nicht nur nicht zu »nutzen«, sondern sogar zu schaden.

Wir fragen uns viel zu selten, ob es denn so ist, oder warum das so ist, warum ihnen Partizipationsmöglichkeiten fehlen und was wir dagegen tun können. Ein Teilnehmer einer amerikanischen Forschungsdelegation, die mich einmal vor sechzehn Jahren in der Türkischen Gemeinde in Kreuzberg besuchte, sagte über die Integration der Gastarbeiter: »Integration has been done.« Wenn man sich dem Thema objektiv annähert, unvoreingenommen, ohne ideologische Verblendung, kriterienbasiert und unaufgeregt, dann stellt man am ehesten fest, dass wir die großen Integrationsleistungen der letzten Jahrzehnte viel selbstbewusster feiern könnten. Derselbe Integrationsforscher war schon einmal in den 80er Jahren in West-Berlin: »They called them ghettos then.« Eine Bezeichnung, die den Fokus der Verantwortung verschiebt und die dort lebenden Menschen zum Problem macht. Hauptgrund für die angebliche Ghettoisierung waren politische und wirtschaftliche Interessen, deutsche Interessen.

Es wurde außer Acht gelassen, dass die Gastarbeiter in heruntergekommenen Häusern mit alten Kachelöfen ohne Bäder wohnten, dass sie sich manchmal mit acht Familien kleine Toiletten in den Zwischenetagen teilten, dass sie nur wenige Meter von der Mauer an der sogenannten Todeszone lebten. Es gab keinerlei Ansprüche gegenüber Wohnungsgesellschaften und Eigentümern, keine Erwartungen an die Politik. Was war, wurde ohne Murren und Knurren akzeptiert.

Trotzdem haben wir sehr positive Erinnerungen an diese Zeit. Wenn ich heute Kohle oder den modrig-feuchten Geruch von Berliner Altbau-Kellern rieche, dann kommen Kindheitserinnerungen hoch, die keine Depressionen auslösen. So schwierig vieles auch war, die Dankbarkeit überwog. Ich erinnere mich, wie mein Vater beim Tischgebet immer sagte: »Oh Gott, gebe diesem Land viel, denn hier haben wir Brot gefunden!«

Damals wie heute tun wir uns schwer. Das Gift des Rassismus wirkt immer noch. Eine Gruppe erhebt sich über eine andere und benotet komplett willkürlich deren Integration. Dass sie aber Teil der Gleichung sind, dass sie mit dazugehören und ihre mangelnde Bereitschaft zum Austausch Auswirkungen hat, wird kaum berücksichtigt, benotet schon gleich gar nicht. Das ist die Macht der Mehrheitsgesellschaft. Das ist die Stellschraube, an der wir drehen müssen. Zusammen geht nicht allein. Auch die deutsche Mehrheitsgesellschaft, die deutsch-deutschen, die Deutschen mit deutschem Hintergrund sind nun mal Teil der Gleichung.

Wer sich entscheidet, über das Deutschsein zu richten, wer rechtsextreme Kampfbegriffe wie »Passdeutscher« verwendet oder – wie Friedrich Merz – muslimisch gelesene männliche Jugendliche als »Paschas« abwertet und kollektiviert, muss sich im Klaren sein: Ich fühle mich davon angesprochen. Und mit mir Millionen von Menschen mit Migrationsgeschichte. Rassismus, Ausgrenzung und Diskriminierung haben Konsequenzen. Echte Menschen werden dadurch abgewertet. Ich habe mir vor einem Jahr einen Kater gekauft. Er heißt Pascha. Ich kann nicht jeden rassistischen Diskurs mit einem Tier verarbeiten. Dann habe ich bald einen Zoo. Und davon haben wir bereits zwei in Berlin!

Wie oft wurde unser Verhalten in der Schule zum Beispiel mit absurden Dingen erklärt: »Die sind so, weil sie zu Hause türkisches Fernsehen schauen!« Auch nach dem 7. Oktober wurde immer wieder über den Einfluss arabischer Medien gesprochen und das aggressive Verhalten von Schülern darauf zurückgeführt. Sicher sind viele Inhalte auf diesen Kanälen hochproblematisch, das muss man alles erforschen und entsprechend problematisieren. Gleichzeitig muss man aber auch die stigmatisierenden Dynamiken im Blick behalten und einen rassismuskritischen Diskurs schaffen. Und müssten wir zum Beispiel im Zusammenhang mit dem Fernsehen nicht weitergehende Fragen stellen: Warum schauen sie denn lieber türkisches, russisches oder arabisches Fernsehen? Wie schaffen wir es, dass sie deutsche Medien konsumieren? Vermutlich fährt man auch hier besser mit einer Haltung, die sich selbst in die Gleichung mit einbezieht.

Auch in anderen Bereichen gibt es Vorwürfe, dass migrantische Menschen sich nicht an hiesige Kultur annähern wollen, sich nicht darauf einlassen. Doch was immer wir getan haben, häufig war die Ablehnung bereits vorprogrammiert. So zum Beispiel auch die deutsche Bade- und Saunakultur, die, seit ich denken kann, hochgehalten wird. Gehe ich dann mit meinen Jungs in die Sauna, setzen sich fast alle augenrollend weg.

»Die Türken bleiben immer nur unter sich in Neukölln«, höre ich auch schon mein Leben lang. Beim Ausflug ins gutbürgerliche Zehlendorf zum Kuchenessen heißt es dann: »Oh Gott, schrecklich, jetzt sind die auch schon hier!« Noch ein Evergreen: »Muslime haben ein Antisemitismusproblem, also setzt euch gegen Antisemitismus ein.« Engagiert sich dann in Berlin ein Imam für jüdisch-muslimischen Dialog, wird er von allen Seiten fertiggemacht. Und der Klassiker: »Die sprechen kein Deutsch.« Wenn die elfjährige Dana aber den Vorlesewettbewerb gewinnt, wird sie mit Hass überschüttet, weil sie Kopftuch trägt. »Egal, wie lange man hier lebt, man wird immer ein Außenseiter bleiben«, kommentierte das ihr Vater.[7]

Wir sind offensichtlich nicht wirklich weit gekommen. Ich würde zwar nicht so weit gehen wie Serdar Somuncu, aber seine Forderung »Wenn die Deutschen Integration wollen, dann wird es höchste Zeit, dass sie Türkisch lernen« stellt zumindest einen interessanten Perspektivwechsel dar. Integration nicht als Einbahnstraße, sondern als etwas, das allen Seiten etwas abverlangt. An wen so häufig Forderungen gestellt werden, der darf sicher auch mal etwas zurückfordern. Barrie Kosky, der australisch-deutsche jüdische Opernregisseur und Wahlberliner, brachte es einmal wie folgt auf den Punkt: »Man soll nicht nur Vielfalt sagen, sondern auch Vielfalt machen, und zwar immer und überall. Das bedeutet auch, dass man hier Türkisch lernen soll.« Dasselbe gilt für Urdu, Dari, Farsi, Kurmandschi, Arabisch, Aramäisch und Akan. Wer diese Reihe für unvollständig hält, hat es verstanden.

Woher kommst du?

Unsere Fragilität, die Fragilität der Migrationsgesellschaft in den Jahren nach dem 11. September wird besonders deutlich beim Blick in die Schule. In der Schule waren wir damals »die Anderen«. Anders waren wir aber nie im positiven Sinne von besonders oder einzigartig, sondern im Sinne von fremd, nicht dazugehörig, falsch. Wir mussten rechtfertigen, warum wir im Ramadan fasten, mussten erklären, warum es in Bali terroristische Anschläge gab, warum in Israel Selbstmordattentate geschahen, warum die Moscheen in Deutschland in den Hinterhöfen stehen, warum Mohammed so viele junge Frauen hatte, warum die Türken die Kurden unterdrücken und so weiter. Wir waren und sind geschwächt, fragil und angreifbar. Nie wurden wir als das gesehen, was wir waren. Wir waren nie nur Schüler. Wir waren Türken, Botschafter der Republik Türkei oder Experten für die Türkei, z.B. im Erdkundeunterricht. Wir waren mal zuständig für Terrorakte in Südostasien, für theologische Rituale oder für religiöse Orte aus Sicht deutscher Stadtplanung. Wir waren mal türkisch, mal kurdisch, mal arabisch, mal muslimisch, mal islamistisch, mal patriarchal. Nie gleich, nie auf Augenhöhe, immer anders, häufig Feindbild.

Das Interesse an den Besonderheiten unserer Identitäten, unserer Herkünfte und Bezüge war nie positiv, wertschätzend oder neugierig. Es war stets ablehnend, verurteilend, ausgrenzend. Wir wussten durch schmerzhafte Selbsterfahrung: Die Frage nach der Herkunft ist immer verbunden mit der Botschaft, nicht dazuzugehören, verdächtig zu sein. Das »Woher kommst du?« ist in den seltensten Fällen interessengeleitet. Es hat fast immer einen Beigeschmack: »Wo gehörst du hin?«

Am Amtsgericht Mitte in Berlin erging dazu am 15. April 2024 ein bemerkenswertes Urteil. Syed N. hatte Anzeige gegen die Berliner Polizei erstattet, nachdem er im Sommer 2020 von einer Streife angehalten und beschuldigt worden war, während der Fahrt mit dem Handy telefoniert zu haben. Während der Identitätskontrolle zeigte Syed N. den Polizisten seine Krankenkassenkarte. Die Polizisten benötigten nach eigenen Angaben weitere Informationen, fragten, woher N. komme. Seine Antwort »Bochum« reichte offenbar nicht aus, stattdessen die Frage, woher er »wirklich« käme. Der viel besprochene und oft zitierte Klassiker, kleines Einmaleins des Rassismus. Fast vier Jahre später bekam Syed N. recht, die Berliner Polizei wurde zum ersten Mal auf Grundlage des Landesdiskriminierungsgesetzes verurteilt, ein wichtiges Signal für Menschen, die alltäglich von Rassismus und Diskriminierung betroffen sind.

»Wir freuen uns, dass das Urteil das Verhalten der Polizei als rassistische Diskriminierung bewertet. (...) Als Beratungsstelle hören wir alltäglich von Fällen rassistischer Diskriminierung und Gewalt durch die Polizei. Eine Verantwortungsübernahme durch die Behörde können wir leider fast nie beobachten«, kommentierte zum Beispiel Charlotte Heyer als Projektleiterin des Antidiskriminierungsnetzwerks Berlin.[8]

Leider diskutieren wir innerhalb der Rassismus-Diskurse viel zu oft Begriffe, ohne sie vorher durchdrungen, geschweige denn definiert zu haben. Es ist unerlässlich, dass man die Begriffe klärt, über die man streitet. Oft begegnen mir krude Rückfragen und offenkundiges Unwissen, wenn ich etwa über antimuslimischen Rassismus spreche. Einer der häufigsten Kommentare, die in dem Kontext fallen, klingt meistens so: »Ach so? Sind Muslime denn eine Rasse? Das wusste ich ja gar nicht.« Wer so nachfragt und bauernschlau hofft, den Rassismusvorwurf entkräften zu können oder gar die generelle Möglichkeit von antimuslimischem Rassismus anzuzweifeln, dem fehlt es in der Regel an Wissen. Und da kann ich, ganz Pädagoge, gerne aushelfen. Meine Antwort darauf klingt in der Regel so: »Nein, Muslime sind keine Rasse. Weder PoC noch Menschen aus Asien oder Europäer oder sonst wer gehören irgendeiner Rasse an. Rassen gibt es in dieser

Form nicht. Das ist eine althergebrachte Fehlannahme, die im Übrigen selbst rassistisch und längst widerlegt worden ist.«

Es ist ganz einfach: Wer behauptet, menschliche Rassen existieren, ist rassistisch und liegt falsch. Wer sagt: »antischwarzer oder antimuslimischer Rassismus existiert«, beschreibt ein Problem, nämlich dass es Rassismus gibt. Wir verwenden in solchen Diskursen oft falsche, veraltete Begriffe oder argumentieren mit Konzepten, die seit gefühlten Ewigkeiten widerlegt sind. Da kann man ansetzen und weiterbilden. Wissen hilft hier definitiv weiter.

Im Kontext der rassistischen Frage »Woher kommst du wirklich?« geht es eben nicht um den Ort (analog dazu, dass es bei antimuslimischem Rassismus nicht darum geht, wer eine Rasse bildet, sondern was Rassismus ist), sondern die Frage lautet: »Was bist du?« Und in der Regel schwingt sofort eine Annahme mit, nämlich: deutsch bist du bestimmt nicht. Hier vollzieht sich ein Othering, ein Fremdmachen. Letztlich eine Entmenschlichung.

Mir geht es nicht darum, Leute zu sanktionieren oder zum Beispiel Polizisten an den Pranger zu stellen. Es geht mir nicht um Fronten, sondern darum, was für Lehren gezogen werden können, ohne gleich beim simplen Schwarz-Weiß und den einstudierten Vorurteilen zu landen.

Es ist gut, wenn alle (auch die Polizei) denselben Spielregeln unterliegen. Gut, wenn geltendes Recht (wie das Antidiskriminierungsgesetz) Anwendung findet und auch vor Staatsdienern keinen Halt macht. Das ist die pragmatische Sicht darauf. Darüber hinaus gilt es diese Vorkommnisse zu nutzen, um über Macht und Machtstrukturen zu diskutieren, um hinzulernen zu können und sie als klassische »teachable moments« zu begreifen. Als Gesellschaft können wir an diesen Stellen Wesentliches lernen.

Im Prozess um die Diskriminierung von Syed N. vergingen bis zur ersten Urteilsverkündung fast vier Jahre. Hut ab vor diesem Durchhaltevermögen. Die Strafe, die der Polizei aufgebrummt wurde, nämlich 750 € zu bezahlen, ist den Aufwand auf den ersten Blick kaum wert. Eine ökonomische Bewertung dieses Prozesses greift ohnehin zu kurz. Vielmehr hat sich hier eine Idee (frei von Diskriminierung leben) innerhalb des demokratisch-rechtstaatlichen Rahmens durchgesetzt.

Idealerweise ging mit dem Urteil ein Verständnis auf der Seite des Polizisten einher, das Entwickeln einer Problemsicht. Damit wäre viel gewonnen. Vorstellbar auch, dass der Fall Eingang in die rassismuskritischen Professionalisierungsangebote der Polizei findet. Als Beispiel dafür, dass Rassismus nicht zwingend Tod und Gewalt nach sich ziehen muss. Rassismus ist versteckter, alltäglicher und allgegenwärtiger, als wir es zumeist denken.

Wie geht man damit um, wenn einem komische Fragen gestellt werden, wie verhält man sich in irritierenden Momenten? Ich erinnere mich, wie wir in meiner Jugend im Park auf Bänken saßen. Beziehungsweise saßen die Älteren auf der Parkbank und wir standen drum herum. Die Männer aus der Nachbarschaft haben sich dort oft unterhalten. Früher fanden viele Unterhaltungen dort statt. Mein Vater hat diese Runden gerne mit seinen Fragen amüsiert. Er hat so Sachen gefragt wie: »Wie viel Kilo Rauch entsteht, wenn man ein Kilo Heu verbrennt?« Ich weiß immer noch nicht, ob man Rauch überhaupt in Kilogramm messen kann, aber diese Fragen haben jedes Mal für gute Laune gesorgt. Sie haben das Denken angeregt und uns beschäftigt. Was ist wohl die richtige Antwort? Ergibt diese Frage überhaupt Sinn? Entweder wurde darüber gelacht oder wir waren irritiert, manche haben sich sogar aufgeregt, warum sie sich jetzt darüber Gedanken machen sollten. Trotzdem wurde dadurch stets etwas in Gang gesetzt. Statt stillschweigend rumzusitzen wurden Gespräche in Gang gesetzt.

Damals wie heute muss ich in diesem Zusammenhang an eine Überlieferung des Propheten (S. A. W.) denken. Einmal lief er mit seinen Freunden durch die Straßen. Sie kamen an jemandem vorbei, der nichtstuend am Wegrand saß. Als sie Stunden später zurückkamen und wieder an ihm vorbeiliefen, grüßte der Prophet (S. A. W.) ihn. Daraufhin fragten seine Freunde, warum er ihn auf dem Rückweg grüßte, wo er doch auf dem Hinweg grußlos an ihm vorbeigegangen war. Er antwortete: »Heute Morgen saß er nur dort. Eben hatte er einen Stock in der Hand und hat damit im Sand gestochert. Ich mag die Tüchtigen.«

Etwas zu tun, sei es auch nur mit einem Stock in der Erde zu stochern oder, wie in unserem Fall, sich Gedanken zu machen, wie viel Kilo Rauch beim Verbrennen von Heu entstehen, war immer erstrebenswerter, als nichts zu tun.

Ich bin mit solchen Fragen aufgewachsen, bin sehr stark von ihnen beeinflusst. Und im Laufe der Jahre habe ich verstanden, wie sie in zwischenmenschlichen Beziehungen wirken, sei es im Lehrer-Schüler-Verhältnis oder in Workshopsituationen. Solche Fragen wirken. Sie machen nachdenklich. Sie lockern Situationen auf. Bleiben irgendwie im Gedächtnis.

Der Mensch ist ein fragendes Wesen und will sich selbst kennen und verstehen. Dieser Prozess ist ein fortwährender und er steht in einer Wechselwirkung zu anderen. Es geht eben nicht nur darum, wer ich bin und wie ich mich sehe, vieles hängt davon ab, wie »du« mich siehst, was andere aus mir machen.

Ein Märchen

Deutschland 2006. Wir steckten mitten im Sommermärchen. Wohin das Auge reichte, wo man hinschaute oder -ging: Deutschlandfahnen. Auf Autos, an den Balkonen, in den Gärten. Es schien, der 1954 im Kontext der Fußball-Weltmeisterschaft geprägte Satz »Wir sind wieder wer« war in der Mitte der Gesellschaft angekommen. Eine riesige Patriotismuswelle brach in Deutschland aus, man war stolz auf »unsere Jungs«. Und wir mittendrin. Fußballer aus Leidenschaft, jede freie Minute auf dem Bolzplatz. Wir schauten jedes Spiel. Fieberten mit, feuerten Lahm, Schweinsteiger und Co. an.

Wir saßen in Kreuzberg im Biergarten und schauten das Viertelfinale Deutschland gegen Argentinien. Nach dem Abpfiff wussten wir gar nicht, wohin mit unserer Euphorie: Der WM-Titel war zum Greifen nah. Wie tausend andere stiegen wir ins Auto und fuhren Richtung Ku'damm. Autokorso, Hupkonzert, flatternde Fahnen. Nur hielt uns dann eine zivile Polizeistreife an. Wir, drei junge Erwachsene, saßen im Auto, alle euphorisch, ich saß hinten, war nicht angeschnallt und fummelte hektisch am Gurt, während das Fenster runterging. Ein Polizist näherte sich unserem Auto, schaute mindestens ernst, eher aggressiv. Auf mein »Was ist das Problem?« brüllte er: »Ruhe! Ich stelle hier die Fragen!«

Mein Kumpel am Steuer lehnte sich rüber zum Beifahrer, sofort wurde er angeschnauzt: »Hände ans Lenkrad!« und weiter: »Wir wollen eure Hände sehen!« Erschrocken und überfordert zeigten wir unsere Hände, hielten sie aus dem Fenster, ließen sie heraushängen. Der Kollege fragte: »Was sollte das?«

»Na, wir freuen uns für Deutschland«, rief ich von hinten. Woraufhin wir angebellt wurden: »Was freut ihr euch denn für Deutschland?! Wer seid ihr, dass ihr euch für Deutschland freut?«

Wir verstummten. Diese kalte Art, das Niederbrüllen, das Infragestellen unserer Freude und Zugehörigkeit beendete schlagartig unser Sommermärchen. Nach der Führerschein- und Fahrzeugschein-Kontrolle und nachdem wir unsere deutschen Ausweise zurückbekommen hatten, durften wir weiterfahren. Es gab uns nichts vorzuwerfen. Doch die Worte hallten in uns nach. Sie setzten sich in unseren Köpfen fest, wir wurden sie nicht mehr los. Die Euphorie war weg, für uns war die Sache gelaufen. Wir sind nicht mehr Richtung Ku'damm weiter. Ab dem Moment waren wir nicht mehr für Deutschland. Und wir empfanden Genugtuung, als die Nationalmannschaft gegen Italien verlor.

Was freut ihr euch für Deutschland? Für wen sollten wir uns denn sonst freuen? Unsere Jungs hatten großartig gespielt und uns wurde die Freude darüber innerhalb kürzester Zeit nicht nur madig gemacht, sondern komplett abgesprochen. Wir hatten mit diesem Erfolg nichts zu tun, wir gehörten nicht dazu, wir hatten kein Recht, uns für Deutschland zu freuen. Unsere Ausweise konnten da auch nichts ausrichten. Wir waren zwar Neuköllner, Berliner, Deutsche. Aber nicht wirklich. Der Stachel sitzt. Wir freuten uns für Deutschland. Aber Deutschland freute sich nicht über unsere Freude.

Selbstverständlich gibt es großartige Polizistinnen und Polizisten. Einer ist mein Freund Eckhard. Er setzt sich zum Beispiel für den gesellschaftlichen Dialog ein, arbeitet mit Kindern und Jugendlichen im Berliner Wedding. Er vermittelt bei Konflikten. Er ist bei Kiezfesten vor Ort und schafft es mit seiner mitfühlenden Art, bei den Menschen zu punkten. So sehr, dass sie sich sogar vorstellen können, selbst bei der

Polizei zu arbeiten. Er ist kein Einzelfall. Ich habe viele Polizistinnen und Polizisten kennengelernt, insbesondere im Bereich der Präventionsarbeit, die wirklich tolle Arbeit leisten und Vorurteile in alle Richtungen, auch in den eigenen Reihen, abbauen und ein Miteinander kreieren. Diese Beispiele ändern nichts am Rassismusproblem, das bei der Polizei vorhanden ist. Doch gleichzeitig darf das Rassismusproblem der Polizei nicht darüber hinwegtäuschen, dass es zahlreiche Gute gibt. Ein weiterer Guter, um zumindest noch ein Beispiel zu nennen, ist Andreas in Brandenburg. Unermüdlich engagiert er sich, unterstützt geflüchtete Familien, hilft einer mit Zwillingen hochschwangeren Frau, fährt nach Dienstschluss nochmal weit raus, um bei einer Veranstaltung zu jüdischem Leben in Brandenburg etwas zu lernen und seinen Berufsstand zu vertreten, oder vermittelt die Bedeutung des Umgangs mit Diskriminierung in den eigenen Reihen. Das alles betreibt er mit Herzblut. Dennoch stehen momentan über vierhundert Polizisten in Deutschland unter Rechtsextremismus-Verdacht. Wir wissen von rechtsextremen Chatgruppen, erinnern uns an das Polizeiversagen in Hanau, haben die fahrlässige und rassistische Ermittlungsarbeit im Zusammenhang mit dem NSU in Erinnerung oder die Entlassung des Personenschützers von Charlotte Knobloch wegen antisemitischer Chatnachrichten.

Ein Blick in die Vergangenheit kann auf der Suche nach Vorbildern häufig helfen. Bernhard Weiß beispielsweise war von 1927 bis 1932 Polizeivizepräsident in Berlin. Er war Jude und Demokrat. Als Beamter der Weimarer Republik griff er gegen Rechtsbrüche durch. Er bekämpfte die Schlägertrups der SA und ging auch gegen gewaltbereite Kommunisten vor. Weiß' Pflichtbewusstsein und seine Loyalität gegenüber der Demokratie gelten vielen heutigen Polizisten und Staatsdienern als Vorbild. Wir brauchen auch heute mutige Menschen, die entschieden handeln, wenn demokratie- und staatsfeindliche Entwicklungen unser Land gefährden. Insbesondere die Polizei muss Menschen vor Diskriminierung und Gewalt schützen. Die Polizei ist die erste Verteidigungslinie unserer Rechte.

Ein Traumberuf

Ein Freund mit türkischen Wurzeln, heute Politiker, wollte als Schüler Polizist werden. So hat er es mir erzählt, als wir über Polizei und Rassismus sprachen. Als er das mal seinem Lehrer sagte, antwortete der: »Es reicht schon, wenn du nicht kriminell wirst!«

Am vierzehnten Geburtstag meiner Tochter kommt die Frage auf: »Weißt du schon, was du später mal werden willst?« Wir feiern im kleinen Kreis. Freundinnen und Freunde der Familie, hauptsächlich Erwachsene, die meisten haben eine Migrationsgeschichte.

»Ja, Polizistin«, antwortet meine Tochter wie aus der Pistole geschossen. Kurz herrscht Schweigen. Ich deute es als betretenes Schweigen. Dass ich recht hatte, zeigen die Reaktionen, als es gebrochen wird:

»Warum denn Polizistin?«; »Das ist doch nichts für dich!«; »Was willst du denn machen, wenn dir so ein Zwei-Meter-Riese mit einem Messer gegenübersteht?« Skepsis, Kritik, Unverständnis. »Polizistin, bei all dem Rassismus, den es bei der Polizei gibt?«; »Wie stellst du dir das vor?« Die Fragen reißen nicht ab. Meine Tochter wird immer stiller. Zum Glück schreitet mein Sohn ein und wirft sich für seine große Schwester in die Bresche: »Wenn da so ein Zwei-Meter-

Riese mit Messer kommt, den tasert die einfach weg und fesselt den mit Handschellen!«

Im Anschluss suche ich das Gespräch mit den hartnäckigsten Fragestellerinnen und Fragestellern. Kritisiere ihre ablehnende Haltung. Einsicht? Kaum eine Spur. Verständnis? Schon gar nicht. Es ist das erste Mal, dass meine Tochter so offen über ihre Wünsche und Hoffnungen spricht. Die ablehnenden Reaktionen machen ihr sichtlich zu schaffen. Identitäten bilden und wandeln sich im Heranwachsen. Sind sie bei Erwachsenen fragil und instabil und ständig im Wandel, wie muss das erst für eine junge Frau sein, wie ist das für meine Tochter, auf so viel Ablehnung zu stoßen?

Wer sich an seine eigene Kindheit und Jugend erinnert, weiß, wie wandelbar Zukunftsträume sind. Wer mit neun Jahren Arzt werden wollte, kann das mit vierzehn für eine absurde Spinnerei halten und mit Ende zwanzig der nette Hausarzt im Kiez werden. Im häufigsten Fall unterscheidet sich der Wunsch von Kindern und Jugendlichen stark von dem, was später einmal wahr wird. Was eine junge Frau also auf »Was willst du einmal werden?« antwortet, spielt vielleicht keine so große Rolle. Anders als die Notwendigkeit, ihr in solchen Momenten Raum zu geben, wahrzunehmen und wertzuschätzen, was da ist: Ein Wunsch, eine Sehnsucht, eine Hoffnung auf die Zukunft. Und wenn der Berufswunsch in den Ohren der Erwachsenen noch so bizarr klingt: Aushalten, zuhören, bestärken und anerkennen! Das ist, was die junge Heranwachsende hier braucht. Das schafft Vertrauen und ist bestärkend. Alle anderen Reaktionen sind, im Gegensatz zum Berufswunsch, bizarr.

Denn was lernen Menschen in Momenten der Ablehnung? In der Regel hören sie, was gesagt wird, als Kritik. Also werden sie das nächste Mal zwei- oder gar dreimal überlegen, was sie sagen. Schlimmstenfalls schweigen sie in Zukunft oder denken sich irgendetwas aus, von dem sie glauben, die Erwachsenen im Raum wollten es hören. Sie lernen zu lügen, um sich vor Verletzungen zu schützen. Keine gesunde Voraussetzung für die Entwicklung stabiler Beziehungen.

Wenn wir urteilen, vor allem in Gesprächen, in denen ohnehin ein Machtgefälle besteht, wiegt der eigentliche Gegenstand weniger schwer als das Urteil. Das Gespräch an sich, der damit verbundene unangenehme Moment hat mehr Gewicht. Das ist ein Problem, dessen man sich im Umgang mit Heranwachsenden bewusst sein sollte. Die Macht, die wir ausüben, wird nicht zwingend zum Umdenken führen, sondern sie führt zu Unwohlsein und damit bei jungen Menschen zu der Frage: »Was kann ich tun, um in Zukunft seltener in solch unangenehme Situationen zu kommen?« Und die Antworten auf diese Frage können zur Belastungsprobe werden. Schlimmstenfalls verliert man sogar komplett den Draht. Und das ist eine Katastrophe.

Wenn wir über Identitäten sprechen, reicht es nicht, dass wir den Blick auf große Dinge richten und zum Beispiel das Bildungssystem anprangern. Wir müssen im Kleinen, Privaten aufmerksam und selbstkritisch sein und vor allem Menschen, die sich mit ihren eigenen Identitäten auseinandersetzen, ernst nehmen und ihnen Raum geben, ohne sofort abzuwerten oder zu verurteilen. Wie sonst sollen sie Selbstbewusstsein lernen, wie sonst wollen sie Vertrauen in sich und andere gewinnen, wenn wir sie nicht stärken und ihnen vor allem Zeit geben?

Ich plädiere ausdrücklich für positive, für affirmative Reaktionen. Dafür Interesse und Wertschätzung zu zeigen und Kritik und Skepsis hintenanzustellen. In der Kommunikation ist Feedback die Königsdisziplin. Missverständnisse sind fast vorprogrammiert, doch ohne Feedback geht es nicht.

Identitätspolitik

Identität verkommt in den letzten Jahren zu einem Kampfbegriff, über den sich trefflich streiten lässt. Da sind konservative Stimmen – was auch immer daran konservativ sein soll –, für die Identitätspolitik und alles, was damit zusammenhängt, zum Feindbild, zum Endgegner verkommt. Da sind progressive Stimmen – ob sie tatsächlich schon progressiv sind, sei einmal dahingestellt –, die fordern, Identitätspolitik zum Zentrum aller Diskussionen um Gerechtigkeit, sozialen Frieden und Beteiligung zu machen. Auch wenn sich diese Positionen in Reinform in Wirklichkeit nur sehr selten finden lassen, wird dem politischen Gegner fast immer ein Absolutheitsanspruch unterstellt. Welche Seite man auch fragt: Die andere wird in aller Regel vollständig abgelehnt. Bloß existieren eben beide Seiten und sehr vieles zwischen ihnen in unserer Gesellschaft. Jede Betrachtungsweise gehört dazu und hat ihren legitimen Platz in unseren Debatten. Meinungsvielfalt statt Meinungsdiktat. Wobei ich hier selbst explizit einen rechten Kampfbegriff, Meinungsdiktat, nutze, um ihn geradezurücken: Wo immer eine Meinung zum absolut Richtigen, zur einzigen Wahrheit (»Identitätspolitik tötet unsere Kultur« vs. »Wer Identitäten nicht gerecht wird, ist immer ein Nazi«) erklärt wird, ist der demokratische Diskurs bereits erodiert oder sogar verlassen. Wenn wir nur im Absoluten bleiben und nie einen Gang runterschalten, wie wollen wir dann miteinander reden, geschweige denn gemeinsam Lösungen finden?

Identitäten können ein zentrales Instrument sein, um unser Zusammenleben zu gestalten. Da wir ohnehin tagtäglich über unterschiedliche Identitäten reden, Menschen fragen, wo sie herkommen, was sie ausmacht, ihre Einzigartigkeit, ihre Besonderheiten und auch Einschränkungen sehen und besprechen, können wir uns nicht erlauben, sie zu ignorieren.

Wir können nicht einfach sagen: Alle gleich. Es ist entscheidend, wer spricht. Es macht einen Unterschied in der Dynamik der Macht, in den Kommunikationsweisen, in den Selbstverständnissen, kurz: Identität bestimmt alles. Wobei ich grundsätzlich versuche, von Identitäten im Plural zu sprechen, um sofort die Vielfalt dessen, was Identität ausmacht, zu verdeutlichen.

Was also sind Identitäten? Wie greifen wir diesen Begriff, wie nähern wir uns diesem Wort an, ohne direkt diejenigen zu verlieren, die damit nichts oder zu viel anfangen können?

Die Journalistin Alice Hasters beschreibt Identität in ihrem Buch *Identitätskrise* als etwas Schönes, gerade weil sie wandelbar sei und man somit die eigene Geschichte immer wieder aufs Neue erzählen könne. Dingen, die in der Erzählung über uns selbst einmal als nebensächlich erschienen, kann neue Bedeutung zugesprochen werden, und umgekehrt treten als entscheidend definierte Identitätsanteile auch mal in den Hintergrund und werden weniger wichtig. Diese Wandelbarkeit der Identitäten definiert sie als ihre zentrale Eigenschaft.[9] Ein kluger Schachzug. Denn darin liegt die Chance, die eigenen Identitäten selbst zu definieren und nicht durch Fremdzuschreibungen definieren zu lassen. Eine derart selbstbewusste Haltung ist nicht naturgegeben, sie ist hart erkämpft und das Ergebnis eines empowernden, emanzipatorischen Akts: Meine Identitäten lege ich selbst fest. Was ich mit anderen Menschen über mich teile, ist meine Entscheidung.

Der Rest ist Spekulation. Und führt in den meisten Fällen nur dazu, als Projektionsfläche für Rassisten herzuhalten.

Der Soziologe Lothar Krappmann definiert Identität als »die Leistung, die das Individuum als Bedingung der Möglichkeit seiner Beteiligung an Kommunikations- und Interaktionsprozessen zu erbringen hat«.[10] Krappmann versteht Identität als etwas, wozu wir einen aktiven Beitrag leisten müssen und das sich folglich immerzu verändert, in Abhängigkeit von unseren Gesprächspartnern und den Auswahlentscheidungen, die wir treffen. Identität ist also kein starres Konstrukt, nichts Fertiges, das uns jederzeit zugeschrieben oder angesehen werden kann. Türkisch ist keine Identität, höchstens ein Teil aus dem breiten Spektrum der Identitäten eines Menschen. Und das in unterschiedlichen Varianten oder Zuschnitten. Verbinde ich damit meine Mutter? Meine Muttersprache? Meinen Vater? Oder sein Vaterland? Meinen Namen, das Essen, die Musik, das Meer, die Berge, den guten Wein oder den Aprikosenbaum im Garten meiner Tante in Anatolien?

Jeder Mensch kommuniziert seine Identitäten in jeder Situation neu. Politik auf dem Rücken eines solch zerbrechlichen und jederzeit veränderbaren Konstrukts zu machen, ist mindestens unlogisch, schlimmstenfalls zerstörerisch. Dennoch: Identitäten wirken auf unseren Umgang miteinander.

Mir fiel es als Jugendlicher schwer zu akzeptieren, dass jemand Phil Collins nicht mochte. Und wenn ich schon da Schwierigkeiten hatte, dann kann man sich vorstellen, wie schwierig es mit anderen Teilen meiner Identität wurde. Teile, die ich mir nicht ausgesucht habe, wie meinen Namen oder meine Muttersprache oder Dinge, die bei mir angeboren sind, wie meine Haarfarbe oder mein Geschlecht.

Nach dem 11. September versuchten uns geübte Menschenfänger über festgelegte Identitätsbezüge auf ihre Seite zu ziehen, als Muslime, als Opfer, als junge Erwachsene mit Migrationsgeschichte, als Gläubige. Doch die Rechnung ging – bei uns zumindest – nicht auf. Denn wir waren mehr als das, was diese Menschenfänger über uns dachten. Wir waren hier verwurzelt. Und so orientierungslos einige von uns in der Zeit waren, so sehr waren wir dennoch selbstbewusst und aufmüpfig, und damit gewappnet gegen vereinfachende Weltanschauungen. Die zogen ab, und wir machten uns den Rest des Tages über diese »Idioten« lustig. Im Glauben waren wir, trotz unserer vielen Sünden, sattelfest. Niemand konnte uns einfach mal so den Islam erklären und uns belehren.

Ein zentrales Motiv, das ich schon damals in theologisch-islamischen Kontexten als besonders prägend wahrnahm, war Offenheit und Neugierde aufeinander.

»Ihr Menschen! Wir haben euch geschaffen (indem wir euch) von einem männlichen und einem weiblichen Wesen (abstammen ließen) und wir haben euch zu Verbänden und Stämmen gemacht, damit ihr euch (...) untereinander kennt.«[11]

Diesen Koran-Vers verstehe ich bis heute ausdrücklich als Aufforderung zur Offenheit gegenüber anderen. Gleichzeitig drückt sich darin für mich der Gedanke aus, dass menschliche Vielfalt (Gott-)gegeben ist und ich sie mit Demut und Respekt zu akzeptieren habe. Allen, die abweichende Erklärungen und Begründungen haben, müssen wir ebenso mit Respekt und in Demut begegnen.

Theologisch begründet, siegt bei mir so Neugier über Vorurteile, Haltung über Hass und Dialog über Ignoranz. Deshalb setze ich mich für jüdisches Leben in Deutschland ein, mache mich gegen Antisemitismus stark und kämpfe gegen Rassismus und Ausgrenzung in jeder Form.

Identitäten sind Zufall, sind kaum nachvollziehbare Mischungen aus Herkunft, Erziehung, Talent, Veranlagung und Vererbung. Wie können wir andere Menschen für etwas zur Rechenschaft ziehen, auf das sie so wenig Einfluss haben? Und selbst wenn sie Einfluss haben, sie bestimmte Entscheidungen treffen, beispielsweise für ein religiöses Leben oder dagegen. Auch dann haben sie Respekt und Anerkennung verdient. Weil sie Menschen sind.

Wer sich für Phil Collins interessierte, war damals mein King. Wer anti war, bei mir unten durch. Konnte ich verlangen, dass alle in meinem Umfeld Phil Collins lieben? Sicher nicht.

Ich höre seine Platten schon lange nicht mehr. Ich kann nicht einmal mehr nachvollziehen, dass ich mal ein großer Fan war. Wobei »Another Day in Paradise« immer noch knallt. Aktuell läuft in meinem Auto am häufigsten Blackpink, eine südkoreanische Girlgroup. Das hat vor allem damit zu tun, dass meine Tochter bestimmt, was bei uns angemacht wird. Jetzt sind alle, die Blackpink ablehnen, die Gegner. Alles ändert sich, Menschen ändern sich. Das hat schon Heraklit gelehrt, indem er sagte: »Niemand kann zweimal in denselben Fluss steigen.« Oder um es mit Bushido noch präziser auszudrücken: »Zeiten ändern dich.« Sollten die beiden damit recht behalten, wird sich Blackpink mit den Jahren auch erledigen.

Junge Muslime

Vor fünfzehn Jahren wurde ich gefragt, ob ich an einem Projekt mitwirken möchte, das jungen Muslimen in Berlin eine Stimme geben wollte. Wo sie von Objekten in vielen Diskursen und Debatten zu Subjekten werden sollten. Zu sprechenden Menschen, statt besprochene »Andere« zu bleiben. Vor allem sollten sie aber sprechfähig und fit gemacht werden, damit sie selbstbewusst das Wort ergreifen können. Stärken wollten wir sie und in einen Austausch darüber bringen, was sie in ihrem Alltag erfahren, was sie beschäftigt, was ihnen Mut macht und was sie verzweifeln lässt. Meines Wissens war dieses Projekt das erste seiner Art in Berlin, in dem junge Musliminnen und Muslime mit prominenter Unterstützung zusammengekommen sind. Vorher herrschte eher ein Kiez-Fokus. Wenn, dann sind Jugendliche in die Moschee in der unmittelbaren Nachbarschaft gegangen oder in eine, die ihre Herkunftssprache oder Konfession berücksichtigt. Über Sprachen, Herkünfte, Konfessionen und die Kieze hinaus brachten wir also Jugendliche und junge Erwachsene in diesem Projekt zusammen. Für viele der Teilnehmenden waren das die ersten Erfahrungen dieser Art. Kaum war je einer von ihnen aus Spandau nach Schöneberg oder aus Neukölln nach Reinickendorf gefahren, um sich mit anderen Muslimen zu vernetzen, auszutauschen oder einfach nur abzuhängen. Wir luden also aus ganz Berlin Muslime ein, wendeten uns gezielt an Gemeinden und sprachen über unsere Partner viele, viele junge Leute an. Am Ende folgten an die zweihundert Jugendliche unserem Ruf. Sie waren teils noch in der Oberschule, einige waren in der Ausbildung, andere hatten ihr Studium angefangen, die meisten machten gerade Abitur. Tatsächlich waren sogar einige Grundschüler in Begleitung ihrer Eltern da.

Als Kick-off veranstalteten wir ein großes Event. Es herrschte unfassbar gute Stimmung, alle waren euphorisch und für die Teilnehmenden verwandelte sich damit bereits der Start in einen sehr empowernden Moment. Nach ersten Kennenlernrunden und einigen Inputs von Experten sammelten wir Themen, mit denen sich alle in der kommenden Zeit auseinandersetzen wollten. Vielfältige Interessengebiete und Themenvorschläge zeigten sich, von Medien über Partizipation von Minderheiten an gesellschaftlichen Diskursen bis hin zu interreligiösem Dialog. Wir fanden uns dann zu Gruppen zusammen. Eine dieser Gruppen durfte ich leiten. Das Thema lautete Vielfalt. Konkreter: Vielfalt in Deutschland. Und von vornherein wünschten sich alle eine Auseinandersetzung mit Diskriminierung. Ihrer Gruppe gaben sie den Namen »eQuality«. Kleines »e«, Quality aber groß, weil es ihnen neben Gleichberechtigung und Chancengleichheit auch um die Qualität ihres Lebens ging.

Wir trafen uns wöchentlich, diskutierten, tauschten uns aus, lachten und tranken Tee. In den ersten Wochen sprachen die Jugendlichen über ihre eigenen Erfahrungen. Es gab hohen Redebedarf, vor allem über Diskriminierungserfahrungen. Viel wurde über Identität und das »Anderssein« in Deutschland diskutiert.

Alle Teilnehmenden wussten, dass ich sehr aktiv im Jüdischen Museum und vor allem im Bereich Antisemitismusbekämpfung arbeitete. Es herrschte großes Interesse in der Gruppe an meinen Erfahrungen und dem, was ich so im Jüdischen Museum mache. Nach einigen Wochen trafen wir uns dort für eine Session. Wir beschäftigten uns mit der jüdischen Geschichte in Deutschland. Einige waren mit der Schule bereits dort gewesen, für manche war es der erste Besuch. An einigen Stationen ergaben sich Vergleiche mit dem

Islam. Interessanterweise hatte das Museum sich bereits Jahre vorher proaktiv dieses Vergleichs angenommen und eine Führung mit dem Titel »Ist das im Islam nicht auch so?« in ihr Bildungsangebot aufgenommen.

Das Jüdische Museum war für mich auch wegen dieser Offenheit schon lange einer der erfüllendsten Arbeitsorte. Das Gebäude, die faszinierende Architektur, der herrliche Glashof, das Museum selbst. Hinzu kam die unglaubliche Vielfalt an Menschen, die mit mir dort gearbeitet hatten, genau wie die Vielfalt der Besucher. Die Sensibilität des Museums für Diversität, Diversität, die auch mich berücksichtigt, und die Akzeptanz und Wertschätzung an diesem Ort haben mich tief beeindruckt. Für mich war zu Beginn alles neu. Die Themen, die Menschen. Und die Erfahrung, Teil davon sein zu dürfen, erfüllen mich bis heute mit Dankbarkeit und Demut.

Ganz besonders beeindruckt hatte mich die Haltung der Museumsführung zum wachsenden Problem des antimuslimischen Rassismus. Ich hatte mehrfach erlebt, wie der damalige Direktor W. Michael Blumenthal darauf hinwies, dass wir als Gesellschaft Muslime nicht aus den Augen verlieren dürfen und solidarisch mit ihnen sein müssen. Als wir mal einen Austausch darüber hatten, wie der Platz gegenüber, wo die Akademie des Museums gebaut wurde, heißen sollte, war einer der Vorschläge der damaligen Programmdirektorin Cilly Kugelmann Muhammad-Asad-Platz. Ein aus einer jüdischen Familie stammender Gelehrter, Diplomat und Journalist, der zum Islam konvertierte. Der Platz heißt jetzt »Fromet-und-Moses-Mendelssohn-Platz«.

Für W. Michael Blumenthal war von Beginn an klar: »Es handelt sich bei diesem Museum nicht nur um ein wichtiges pädagogisches und didaktisches, sondern auch um ein eminent politisches Projekt.« Während noch heute darüber gestritten wird, ob Deutschland ein Einwanderungsland sei, positionierte er sich bereits vor über fünfzehn Jahren deutlich: »Es geht um konkrete Lernprozesse, um Respekt und Anerkennung für Minderheiten, um Toleranz im eigentlichen Sinne der Anerkennung von Andersheit als Voraussetzung für Demokratie und eine Kultur, die zunehmend von Vielfalt geprägt ist.« Das Jüdische Museum Berlin veranschaulicht, »was möglich ist, wenn religiöse, kulturelle und ethnische Minderheiten ihre ganz eigenen Talente in das nationale Leben einfließen lassen können – und welch bittere Folgen es für alle hat, wenn Vorurteile und Intoleranz die Oberhand gewinnen.«[12]

Nach dem Museumsbesuch mit den Jugendlichen stand also das Thema Antisemitismus auf dem Programm. Die zentrale Frage, die ich den Jugendlichen in dieser Session gestellt hatte, war: »Warum sollten wir uns als Muslime auch gegen Antisemitismus engagieren?«

Solche Fragen sollten den Diskussionen eine Richtung geben. Die Antworten der Teilnehmenden ließen nicht lange auf sich warten:

»Weil es richtig ist.«

»Weil man das von uns erwartet.«

»Weil es unsere religiöse Pflicht ist, als Muslime gegen Ungerechtigkeit vorzugehen, und Antisemitismus ist eine üble Form davon.«

»Wenn wir wollen, dass andere gegen Islamophobie sind, dann müssen wir doch auch gegen Antisemitismus sein.«

»Wir gehören zu Deutschland, und als Teil dieser Gesellschaft ist es auch unsere Aufgabe, gegen Antisemitismus zu sein.«

»Wir Muslime haben ein Antisemitismusproblem, also müssen wir etwas dagegen tun.«

Diese Art Runden sind aus vielerlei Gründen wertvoll und wichtig. In kurzer Zeit dringt man damit wirklich zu jungen Menschen durch. Probleme wie Ungerechtigkeiten und Diskriminierungen werden als solche erkannt und als nicht hinnehmbar beschrieben. Es entwickelt sich ein Problembewusstsein. Gleichzeitig wird man angeregt, sich mit der Sache so zu befassen, dass man sich Gedanken um angemessene Reaktionen und Handlungsmöglichkeiten macht. Die Bereitschaft, sich mit Themen auseinanderzusetzen, die auf Anhieb entfernt wirken, als hätten sie nichts mit einem selbst zu tun, oder die gar belastend sind, wird hier gezielt und nachhaltig aktiviert. Die eigenen Biografien der Teilnehmenden können hier smart als Ressourcen oder Zugänge fungieren. Und im Grunde tut man dennoch nichts anderes mehr, als Sokrates' Lehre zu folgen und dialektisch nachzufragen, weiter zu bohren und dranzubleiben.

Schauen wir auf die gegenwärtigen Integrationsdebatten, sehen wir das genaue Gegenteil: Gebetsmühlenhaft und meist vergeblich wird gefordert, dass eine Haltung, die Antisemitismus ablehnt, abgefragt werden muss, in dem Moment, in dem Menschen hier einreisen oder gar einen Aufenthaltstitel oder die Staatsbürgerschaft beantragen wollen. Wenn ich hier aber als Migrant einreise und mich vorbereite, was abgefragt werden wird, dann werde ich mich im Vorfeld informieren, wo ich meine Häkchen zu setzen habe. Häkchen setzen bekämpft – außerhalb von Wahlen, in denen man sinnvollerweise keine Antisemiten wählen sollte – den Antisemitismus nicht. Wer schon einmal in die USA gereist ist, kennt dieses Prinzip. Meist noch im Flieger gehen die Zettelchen mit Fragen rum: »Waren Sie in den letzten Jahren an Attentaten beteiligt oder haben welche geplant?« Wer hier »ja« ankreuzt, würde zwar tatsächlich bestätigen, dass die Übung des Abfragens funktioniert, ich habe allerdings meine Zweifel, dass man mit so einem Test Mohammed Atta aufgehalten hätte.

Mit einem Häkchen kann man weder islamistische Attentate noch Antisemitismus verhindern. Selbst in der Schule schreibt man Tests nicht um ihrer selbst willen. Was im Unterricht vermittelt wird, soll in die Köpfe und Herzen der Schülerinnen und Schüler und nicht einfach abgehakt werden. Für Herzblut-Pädagogen und Menschen, die sich der Bildung verschrieben haben, lösen Tests, Prüfungen und Noten immer Unbehagen aus. Sie bringen uns auf dem Weg echter Erkenntnisbildung nicht wirklich weiter. Menschen lernen Fragenkataloge auswendig, Haltung kann man aber nicht auswendig lernen, Haltung muss man entwickeln. Ein Meinungs- und Urteilsbildungsprozess ist hierzu unerlässlich.

Meine eQuality Girls and Boys, das darf man nicht außer Acht lassen, setzten sich in ihrer Freizeit mit uns zusammen. In Hochphasen des Projektes sogar mehrfach in der Woche. Allein das verdient Anerkennung und war keine Selbstverständlichkeit. Die intensive Arbeit mit ihnen hatte sich gelohnt. Auf Social Media positionierten sie sich fortan gegen Hass und Hetze, auch in ihrem unmittelbaren Umfeld. Und sie gingen damit ein hohes soziales Risiko ein. Dem eigenen Onkel oder dem Kumpel öffentlich zu widersprechen und zu sagen: »Das ist antisemitisch!« ist eine große Nummer.

Was haben wir dieser Gruppe damals angedeihen lassen? Sicher kein Hexenwerk. Wir haben ihnen einen Raum gegeben. Sie so akzeptiert, wie sie sind. Ihnen zugehört. Ihnen eine Stimme gegeben. Was hat das bewirkt? Keine Wunder. Ihre Diskriminierungserfahrungen wurden nicht weniger. Wir haben es auch nicht geschafft, dass ihre Akzeptanz in der

Gesellschaft gestiegen ist. Wir haben sie mit ihren Identitäten und allem, was sie ausmacht, bestätigt und gestärkt. Wir haben sie so akzeptiert, wie sie sind.

So haben wir es geschafft, dass diese jungen Menschen die Bedeutung von Diskriminierung, Antisemitismus, Rassismus und den Wert von Partizipation und Akzeptanz verinnerlichten. Viele von ihnen haben aus dem, was sie durch dieses Projekt erfahren und gelernt haben, ihr Engagement für ein gesellschaftliches Miteinander entwickelt.

Identitätsstiftendes Merkmal einer modernen, vielfältigen Gesellschaft muss eine tolerante Haltung und der Kampf gegen Hass sein. Und um das zu vermitteln, brauchen wir emphatische und zugewandte Begegnungen. Der Kampf gegen Antisemitismus ist immer auch eine Frage der Identität und Zugehörigkeit.

Bildungen

»Bildung ist nicht das Befüllen von Fässern, sondern das Entzünden von Flammen« – meist Heraklit, gelegentlich Sokrates zugeschrieben

Der deutsche Regisseur İlker Çatak ist mit seinem Film *Das Lehrerzimmer* für die Oscars 2024 nominiert. Eine ziemliche Sensation. Medial wird ihm jedoch neben den anderen beiden deutschen Nominierten wenig bis kaum Beachtung geschenkt. Sein Film wird stellenweise noch genannt, sein Name kaum und wenn, dann häufig falsch geschrieben. Seine Wut, seine Enttäuschung, die weit zurückreicht in seiner Biografie, kann ich gut nachvollziehen. Ich lese Çataks Beitrag in der *Zeit* und denke: Das bin ich, das ist meine Geschichte.

Çatak berichtet von Diskriminierung. Davon, dass er als zwölfjähriger Schüler seine Latein-Klassenarbeit zurückbekam und ungerecht benotet wurde. Sein Lehrer, so Çatak, hatte ihm ein »M« als »N« ausgelegt und seine Arbeit dafür eine ganze Note schlechter bewertet. Er war unzufrieden, beschwerte sich. Sein Protest fand kein Gehör, was ihn verzweifeln ließ und wütend machte. Aufgebracht nannte Çatak seinen Lehrer »Nazi« und warf ihm vor, er benote ihn nur schlechter, weil er Türke sei. Çataks Lehrer wendete sich an seine Eltern, die ihn am Nachmittag zu Hause empfingen:

»So wütend habe ich sie selten erlebt. ›So etwas sagt man nicht‹, erklären sie mir streng. (…) Ich soll mich am nächsten Tag beim Lehrer entschuldigen. Und etwas anderes sagen sie mir auch noch. Dass ich kein Opfer bin. Dass ich bloß nicht in diese Haltung verfallen soll. Dass es um Leistung geht und darum, immer freundlich zu bleiben. Sonst nichts.«[13]

Im Artikel führt Çatak weiter aus, was ihm seit seiner Oscar-Nominierung noch alles widerfahren ist beziehungsweise wie viel Ignoranz und Rassismus ihm seitdem entgegenschlagen. Dass er sich an seine Schulzeit erinnert fühlt, Kontinuitäten von damals bis heute erkennt. Er zeigt auf, dass Betroffene Diskriminierung bereits im Kindesalter erleben und davon ein Leben lang beeinflusst sind, unabhängig von persönlichem Erfolg oder Misserfolg. Schule kann hier zerstörerisch sein. Die Identitäten migrantisch gelesener Menschen in Deutschland sind von solchen Erfahrungen geprägt. Das betrifft an deutschen Schulen wirklich jeden von ihnen. Beispielsweise bekam Uğur Şahin, Gründer und Vorstandsvorsitzender von BioNTech und Entwickler des Impfstoffes gegen COVID-19, seinerzeit eine Hauptschulempfehlung. Nicht auszudenken, was alles anders gekommen wäre, hätten sich seine Lehrerinnen und Lehrer damals durchgesetzt.

Schule kann aber auch anders, und Schule muss zwingend anders. Sie darf nicht so bleiben, wie sie ist. Rassismus, Antisemitismus und Diskriminierung finden an jeder Schule statt. Glück haben die, die gute Lehrer haben, sensibel und zugewandt. Superglücklich sind die, denen professionell geschulte Pädagoginnen und Pädagogen helfen. Doch darf der Erfolg, dürfen Schulkarrieren, dürfen Schülerinnen und Schüler in Deutschland nicht von Zufällen und Glück abhängig sein. Es braucht vielmehr ein Bildungssystem, das Glück und Zufall so gut wie möglich minimiert und Schülerinnen und Schülern so individuell wie möglich gerecht wird.

Wirft man einen Blick auf die Diagnosekompetenz von Lehrkräften, also die Fähigkeit, Kinder und Jugendliche kriterienorientiert, individuell zugeschnitten, fair und frei von

Benachteiligung zu benoten, zeigen sich jedoch gewisse Auffälligkeiten. Ein Beispiel der noch harmloseren Art: Batul wurde in Damaskus geboren. Mit ihren Eltern und ihrer kleinen Schwester floh sie aus Syrien. Nach ihrer Ankunft in Deutschland wurde sie zügig eingeschult. Nach einem Jahr in der Willkommensklasse steht dann der Wechsel in die Regelklasse bevor. Die Lehrerin stellt bei ihr eine Lese-Rechtschreib-Schwäche fest. Aus der Diagnose wird damit ein Status. Und den kriegt man nicht mehr so schnell los. Batul wird zusätzliche Förderung bekommen. So weit, so gut. Bloß kann Batul fließend Arabisch lesen und schreiben.

Sauberes Deutsch

Meine Schulleiterin auf dem Gymnasium, das ich in Neukölln besucht habe, war eine strenge Person, die uns Kindern durchaus Furcht einflößen konnte. Sie war nicht nur Schulleiterin, sondern unterrichtete auch unsere Klasse in Erdkunde. Häufig vertrat sie zudem Personal, das ausgefallen oder – typisch Berlin – gar nicht erst vorhanden war.

Jede ihrer Stunden lief ähnlich ab: Mündliche Mitarbeit war wichtig, und sie hat alle drangenommen. Es konnte jeden von uns jederzeit treffen. Allein das erzeugte einen gewissen Druck, dem sich niemand entziehen konnte.

Jedes, wirklich jedes Mal, wenn ich im Erdkundeunterricht drangenommen wurde, schickte sie etwas voraus, das sich mir bis heute eingebrannt hat und ich vermutlich nie mehr loswerde: »Derviş, du bist dran. Aber bevor du was sagst: Ich will von dir sauberes Deutsch hören!«

Sauberes Deutsch. Deutsch hatte ich erst so richtig mit der Einschulung gelernt. Damals gab es keine Willkommensklassen für Kinder, die noch kein Deutsch konnten. Ebenso fehlte das dafür ausgebildete pädagogische Personal, das gezielt hätte unterstützen können. Der Pädagogik unserer Lehrkräfte waren wir komplett ausgeliefert.

»Ich will von dir sauberes Deutsch hören!« Mir fiel es damals schwer, den Druck auszuhalten. Fehler machte ich dann erst recht, vergaß Artikel oder vertauschte sie. Sie schüchterte mich ein, sorgte dafür, dass ich kaum einen geraden Satz formulierte. Jedes Mal, wenn ich drangenommen wurde, lief ich rot an, druckste rum, schämte mich.

Diese Scham, diese Angst, Fehler zu machen und – mal wieder – bloßgestellt zu werden, wirkt bis heute nach. Wer mich sprechen hört, vor allem in der Öffentlichkeit, dem fällt mein Sprechtempo auf. Meine intensive Suche nach dem passenden Wort, dem richtigen Artikel. Ich rede langsamer als viele andere. Bloß keine Fehler machen! Ich denke nicht nur eingehend darüber nach, was ich sage, sondern bin ständig damit beschäftigt, mich zu prüfen.

Das Trennende betonen und Brücken einreißen, die gerade erst errichtet waren, das konnten auch andere Lehrer in meiner Schulzeit ganz gut. Ich hatte in der Oberschule einen Politiklehrer, der sich im Unterricht den »Spaß« erlaubte, uns zu fragen:

»Grundgesetz oder Koran?«

Unsere einhellige Antwort damals: »Koran!«

Ob unser Lehrer damit etwas anderes bezweckt hatte, als seine Vorurteile zu bestätigen? Ob wir damals mit Koran antworteten, um zu provozieren? Unklar. Garantiert war nur, dass wir mit der Frage wenig bis nichts anfangen konnten. Und unser Lehrer verpasste jedes Mal die Chance, mit uns über das Grundgesetz zu sprechen, über unsere Rechte und

Pflichten und über alles, was sich daraus ableiten lässt. Er machte lausige Arbeit, aber von uns Schülern wurde erwartet, dass wir Feuer und Flamme sind, nur wenn wir das Wort Grundgesetz hören.

Natürlich funktioniert das so nicht.

Kein Lehrer, sondern Türke

Die Kinder sind in Ordnung. Dieser Satz fasst zusammen, was meine Haltung zur Pädagogik mit Kindern und Jugendlichen im Allgemeinen ist. Viel zu oft wird in Debatten darüber gesprochen, welche Gruppen von Kindern generell in Schulen und Bildungseinrichtungen »Probleme« bereiten würden. Deutlicher kann man das eigene Versagen im Bildungskontext nicht formulieren. Ein Beispiel aus meiner eigenen Erfahrung:

Ich habe Pause und hole mir einen Tee im Lehrerzimmer. Eine Kollegin kommt, sichtlich aufgewühlt, auf mich zu. Sie ist Sonderpädagogin und schildert mir ihr Problem mit einigen Jungs, die türkische Backgrounds haben. Ich höre mir ihre Geschichte erst einmal in Ruhe an. Von Respektlosigkeit ist die Rede. Davon, dass sie nicht durchdringt, dass auf sie nicht gehört wird. Sie bittet mich, einzuspringen und sie zu unterstützen. Eine Situation, die so tausendfach in deutschen Lehrerzimmern geschieht. Man hilft sich. Man sucht Hilfe. Ganz normaler Alltag an Schulen. Dann sagt sie: »Auf dich hören die, du kannst mit denen reden, du bist ja auch türkisch und ein Mann«. Ich bin zunächst irritiert, nehme die Situation als Dilemma wahr. Sie sucht Hilfe. Ich will helfen. Darum muss es in erster Linie gehen. Macht mich das aber auch wütend? Ja!

Viel lieber hätte ich länger und in Ruhe mit ihr gesprochen, schneller deutlich gemacht, dass hier gerade etwas Schräges abläuft, das ich eigentlich nicht tolerieren will. Ihre pädagogischen Fähigkeiten hinterfragt sie nicht, sondern macht die Schwierigkeit an zwei Faktoren fest: deutsch, Frau. Meine akademische Ausbildung, meine professionellen Kompetenzen, mein pädagogisches Geschick treten genauso in den Hintergrund. Wichtig bleibt allein: türkisch, Mann. Ähnliche Feststellungen wie »So sind sie halt, da kann man nichts machen« lassen mich regelmäßig verzweifeln. Die Leichtfertigkeit, mit der damit pauschal ganze Menschengruppen aufgegeben oder sogar schuldig gesprochen werden, erschüttert mich jedes Mal aufs Neue.

Die Sonderpädagogin schließt von sich auf andere und von anderen auch noch auf mich. Ich scheine zu einer Gruppe zu gehören, zu der sie keinen Zugang hat. Sie gibt diese Jungs auf, weil sie mit ihnen ja eh nicht reden kann. Hat sie es ernsthaft versucht? Im Gespräch zeigt sich: Nein. Sie hat aber ernsthaft versucht, das Problem ihrer pädagogischen Unfähigkeit auf mich und auf »Türken« im Allgemeinen abzuwälzen. Das bin ich nicht bereit zu akzeptieren. Solche Aussagen, das weiß ich aus zahlreichen Erzählungen von befreundeten Lehrkräften, sind keine Einzelfälle. Das eigene pädagogische Versagen wird zu häufig, zu schnell, zu leichtfertig anderen Gruppen aufgebürdet. Von der gleichen Kollegin stammt auch der Satz: »Wir sind hier in Deutschland!« Auch da hatte ich nicht sofort reagiert. Nicht nur, weil ich als relativ frischer Lehrer noch nicht ganz wusste, wie man in solchen Alltagssituationen angemessen und kollegial reagiert, sondern weil ich Hazrat Alis Losung »Ein Ratschlag, der vor anderen Menschen gegeben wird, ist keine Beratung, sondern eine Beleidigung«[14] befolgen wollte.

Was wäre in solchen Fällen die Lösung? Ich gehe zuallererst davon aus, dass es sich eher um blinde Flecken als um vorsätzlichen Rassismus handelt. Jedoch ist der verdeckte, subtile Rassismus vor allem im pädagogischen Kontext nicht weniger schädlich als der laute, dumpf aufbrausende Rassismus, der Menschen auf den Straßen Deutschlands Tag für Tag begegnet.

Die Schule ist ein Lernort für alle. Wenn wir sie in einen Ort der Diskriminierung verwandeln, stören wir Kinder in ihrer Entwicklung, schlimmstenfalls traumatisieren wir sie. Das genaue Gegenteil ist unsere Aufgabe: Wir müssen sie in ihrer Entwicklung fördern und sie vor Diskriminierung schützen. Auf Diskriminierung und Abwertung folgen in der Regel Rückzug und Trotz. Und im Extremfall – und das ist die große Gefahr – verlieren wir die Kinder an radikale Bewegungen und Ideologien, die ihnen Zugehörigkeit, Selbstwertgefühl und Sinn zu vermitteln scheinen. Wenn Bildungseinrichtungen also offene Orte für alle und Lernorte der Demokratie sein wollen, dann brauchen wir dort rassismuskritisches Personal. Der Rassismus des Lehrpersonals muss konsequent hinterfragt werden, hierfür müssen Kompetenzen entwickelt und in die Ausbildung allen pädagogischen Personals – vom Erzieher bis zur Hochschulrektorin – integriert werden, damit wir nicht zuletzt unseren eigenen demokratischen Ansprüchen entsprechen.

Natürlich provozieren Kinder, testen Grenzen aus, überschreiten diese. Schlechte, verlorene oder gar hoffnungslose Fälle sind sie jedoch auch dann nicht. Hoffnungslose Fälle sind, wenn überhaupt, Pädagogen, die das behaupten und bereits aufgegeben haben. Kinder sind formbar. Sie haben es verdient, dass man ihnen in der Schule Raum gibt, ihnen zuhört, sie ernst nimmt und, wenn sie Fehlverhalten an den Tag legen, sie die Chance bekommen, sich zu entwickeln und aus ihren Fehlern zu lernen. Wer – um ein weiteres Beispiel anzuführen – auf dem Schulhof »du Jude« als Schimpfwort verwendet, ist in der Regel kein »fertiger« Antisemit mit einem geschlossenen antisemitischen Weltbild. Vielmehr muss pädagogisches Personal in der Lage sein, hier adäquat zu reagieren. Und das bedeutet: Einerseits deutlich machen zu können, warum das absolut falsch, antisemitisch und eine klare Grenzüberschreitung ist, und andererseits das Gespräch suchen und solche Situationen als »teachable moment« zu nutzen. Als Momente, in denen Dinge hinterfragt, vor allem aber etwas gelernt werden kann.

Aus meiner jahrelangen Erfahrung in der Fort- und Weiterbildung, aber auch aus meiner Zeit als Antidiskriminierungsbeauftragter im Berliner Bildungssenat weiß ich, dass Rassismus- oder Antisemitismus-Vorwürfe schwer wiegen. Meist wiegen sie für die Personen, die sich solchen Vorwürfen gegenübersehen, so schwer, dass ablehnende Reaktionen bis hin zur Leugnung der einzige Weg aus dem Schlamassel zu sein scheinen.

Auch in diesen Fällen plädiere ich für Offenheit und Begegnung. Denn auch hier gilt: Wer auf der Anklagebank sitzt, verteidigt sich. Er oder sie wird alles daransetzen, die eigene Unschuld zu beweisen. Wo Rassismus im Raum steht, ist die Rechtfertigung nicht weit. Gut so! Gut, wenn zumindest die meisten Menschen keine Rassisten sein wollen. Gut, wenn der Vorwurf schwer wiegt, für Verletzungen sorgt und ernsthaft angegangen wird. Personen, die sich mit ihrem eigenen Rassismus auseinandersetzen sollen, erreicht man aber nicht, indem man sie mit Vorwürfen überhäuft. Es braucht hier Bildungsansätze. Es braucht kontinuierliche Fort- und Weiterbildungen. Wenn es uns ernst ist mit der Bekämpfung von

Rassismus und Antisemitismus, dann müssen wir Lehrkräfte ernst nehmen und ihnen helfen. Stigmatisieren, Problematisieren, Draufhauen wird aus Rassisten keine aufgeklärten Antirassisten machen. Im Gegenteil. Man wird sie verlieren. Die Kinder sind in Ordnung. Erwachsene Rassisten nicht. Und dennoch muss ihnen zugehört und die Chance zur Selbstreflexion gegeben werden. Nur eine Person, die selbst ein Defizit bei sich erkennt, ist bereit, sich zu verändern. Und dafür braucht es Methoden in der Ausbildung von Lehrkräften. Es braucht Trainer, die Lehrkräfte unterstützen und sensibilisieren. Pädagogisches Personal muss lernen, was Rassismus und Antisemitismus ist und wie diese Phänomene wirken und zu erkennen sind.

ndH

Die Einschulung der eigenen Kinder ist ein besonderes Erlebnis für alle Eltern. Schon Monate vor der Einschulung steigt die Spannung, es liegt Aufregung in der Luft. Mein Sohn kann es kaum erwarten und auch ich bin stolz und vorfreudig gespannt.

Während seiner gesamten Kitazeit ging mein Sohn mit seinem besten Freund zusammen in dieselbe Kita-Gruppe. Mit zwei weiteren Jungs formten sie eine echt coole und lustige Clique. Sie waren über vier Jahre unzertrennlich, ständig besuchten sie sich gegenseitig, spielten zusammen, verbrachten viel Zeit miteinander, und so trafen sich natürlich auch die Familien immer wieder. Die anderen Jungs haben keine Migrationsgeschichten, zumindest keine außerdeutschen, und kommen aus gutbürgerlichen Elternhäusern.

Die Grundschule, auf der auch schon meine älteste Tochter mit ihren Kita-Freunden war, übernimmt kleinere Kita-Gruppen so, dass sie in die gleichen Klassen kommen. Nach längerer Wartezeit bekommen wir nun ein Schreiben des Sekretariats der Schule. Mein Sohn ist in der Eichhörnchenklasse. Noch am selben Tag erfahren wir, dass die anderen Jungs gemeinsam in eine andere Klasse gehen werden. Nur mein Sohn nicht. Ich kann das absolut nicht nachvollziehen und will etwas unternehmen, um diese Entscheidung rückgängig zu machen.

An einem Freitagnachmittag fahre ich also an die Schule, um das Gespräch mit dem Schulsekretariat zu suchen. Ich bin zuversichtlich, denke, vielleicht lässt sich ja noch was machen. Das Gespräch beginnt mit einer Aufzählung von Gründen. »Unsere Schule möchte für ein ausgewogenes Geschlechterverhältnis sorgen«, heißt es zum Beispiel. »Faktoren wie Inklusionsbedarf spielen eine wichtige Rolle beim Zuweisen zu den einzelnen Klassen.« Und dann folgt die Auflösung: »Aber auch ndH spielt eine wesentliche Rolle bei der Einteilung.« Ich weiß, was ndH bedeutet: nichtdeutsche Herkunftssprache, frage nach: »Was ist die Begründung in unserem Fall?« Es wird ausgewichen. Es ist offensichtlich, dass weder das Geschlecht noch ein Förderstatus ausschlaggebend sind. Seine Freunde sind da gleich aufgestellt. Ich löse dann auf: »Sowohl die Mutter als auch ich sind hier geboren und sind deutsch. Wir haben einen akademischen Abschluss. Unsere Kinder sind hier geboren und sind deutsch.« Sie unterbricht mich und versucht mich zu beruhigen und abzulenken, indem sie mir sagt, dass die Lehrerinnen und Lehrer in seiner Klasse toll sind. Dass das nicht meine Sorge und auch nicht das zentrale Problem hier ist, versteht sie nicht oder will sie nicht verstehen. Sie ist eine gute Sekretärin. Wie so viele in ihrem Job wuppt sie gefühlt die ganze Schule. Ich habe kein

Problem mit ihr. Und wie es sich später herausstellen wird, hat sie zumindest in einem Punkt recht und die Lehrerinnen und Lehrer sind wirklich toll. Aber um all das geht es nicht. Ich ärgere mich heute noch darüber, dass ich verzweifelt erklären musste, dass wir deutsch, Akademiker, dass wir hier geboren sind. Wie erniedrigend, wie schwach. Doch auch um meinen persönlichen Ärger geht es hier nicht. Vielmehr geht es um die Frage: Wie gut kann die beste Sekretärin sein, wenn wir ihr rassistische Tools wie ndH für die Kategorisierung von Kindern an die Hand geben? Hat sie die notwendige Kompetenz, den Sprachstand von Kindern zu ermitteln? Bei uns hat der Name ausgereicht.

Mein Sohn kommt also auf Grund des Kriteriums »nichtdeutscher Herkunftssprache« in eine andere Klasse als seine Kumpels. Er ist am Boden zerstört. Ich bin wütend. Wir sind traurig. Es schmerzt. Es tut weh, meinen Sohn so zu sehen. Und es schmerzt, von offizieller staatlicher Seite nochmal ganz deutlich gemacht zu bekommen: »Du bist anders.«

Selektion nach rassistischen Kriterien ist Alltag an deutschen Schulen. Welche gutgemeinten Ideen auch dahinterstecken mögen, nicht selten werden Probleme dadurch eher größer als kleiner. Das habe ich als Antidiskriminierungsbeauftragter des Berliner Bildungssenats unzählige Male mitbekommen. Und als ich selbst direkt betroffen war, konnte ich mir selbst nicht helfen. Alle Jungs ohne Migrationsgeschichte aus der Kita meines Sohnes kamen in dieselbe Klasse. Nur er nicht. Er war während des ersten Schuljahrs durchgehend traurig. Er wollte nicht in die Schule. Der gleiche Junge, der sich so intensiv auf die Schule gefreut hatte. Er litt sehr, der Kontakt zu den Kita-Freunden brach fast komplett ab. Und er hatte große Schwierigkeiten, Freunde zu finden. Erst zur

Mitte der zweiten Klasse kam er allmählich an. Das Paradoxe ist, dass es sich nicht einmal um eine schlechte Schule handelt. Meine Tochter hatte eine wunderbare Schulzeit dort. Mir geht es nicht darum, die Schule in die Pfanne zu hauen. Es arbeiten tolle Menschen dort. Mit viel Liebe und pädagogischem Herzblut. Ich frage mich allerdings, wie dem allem begegnet werden kann. Zuallererst müssen diese Kriterien entfernt werden. Oder zumindest muss genauer darauf geschaut und das Ganze erweitert werden.

Kinder aus Familien mit Migrationsgeschichte wachsen in der Regel mehrsprachig auf. Mehrsprachigkeit wird in Deutschland leider selektiv wahrgenommen. Es gibt als »gut« gelesene Sprachen (darunter: Spanisch, Französisch, Englisch) und solche wie Türkisch, Kurdisch oder Arabisch, denen man nach wie vor nichts abgewinnen will.

Doch Mehrsprachigkeit ist immer ein Gewinn. Sie fördert kognitive Fähigkeiten und sollte grundsätzlich als Potenzial, nicht als Defizit gesehen werden. Es lohnt sich, Kinder individuell zu betrachten, von Fall zu Fall zu entscheiden, wer in welchem Bereich und aus welchem Grund Unterstützung braucht. Dafür braucht es schulische Rahmenbedingungen und Strukturen genauso wie eine menschliche pädagogische Haltung. Kinder nicht als Probleme wahrnehmen, sondern Kindern Möglichkeiten zur Entfaltung bieten. Das muss die zugrunde liegende Haltung sein. Alles andere ist diskriminierend und gehört abgeschafft.

Bei der Einschulung meines Sohnes zeigte sich niemand von den befreundeten Elternpaaren empathisch. Haben sie nicht mitbekommen, dass mein Sohn fehlt? Ist ihnen das egal? Ich weiß es nicht. Wir haben nicht darüber gesprochen. Das ist eine Erfahrung, die viele teilen, denen Unrecht widerfährt. Fehlendes Mitgefühl, fehlende Solidarität. Mir geht es nicht darum, bestimmte Leute an den Pranger zu stellen. Ich möchte auf bestimmte, sich häufig wiederholende Phänomene aufmerksam machen.

Als ich mich um Diskriminierung an Berliner Schulen kümmerte, hatte ich mit der Mutter eines Kindes zu tun, die sich gegen Ausgrenzung und Ungleichbehandlung an der Neuköllner Grundschule ihrer Tochter engagierte. Ihr eigenes Kind war nicht von Diskriminierung betroffen. Sie machte sich einfach nur stark für andere.

Klassenfahrt

Wir sind in der Oberschule, in einer achten Klasse. Mit Ende des Schuljahres steht noch eine gemeinsame Klassenfahrt an, die im Unterricht besprochen und geplant wird. Eine Schülerin, deren Eltern Mitte der 90er Jahre aus dem Libanon nach Deutschland gekommen sind, äußert Bedenken. Sie sagt: »Ich fahre nicht mit. Meine Religion verbietet es, dass Mädchen und Frauen einfach so wegfahren. Mein Vater erlaubt das nicht!«

Der Klassenlehrer ist sichtlich aufgebracht, im Anschluss schildert er mir und anderen Kolleginnen und Kollegen die Situation im Lehrerzimmer.

»Das stört nicht nur den Zusammenhalt in der Klasse, sie beeinflusst damit auch andere Mitschülerinnen, die jetzt auch nicht mitfahren wollen. So was geht gar nicht, damit steht die ganze Klassenfahrt auf der Kippe.«

Ähnliche Situationen erleben Lehrkräfte im Umgang mit muslimischen Schülerinnen und Schülern häufiger. Oft auch im Kontext vom Sport- oder Schwimmunterricht. Die Irritation, die Enttäuschung, die solche Aussagen auslösen können, entstehen auch bei besagtem Klassenlehrer. Seine Reaktion beschränkte sich zunächst einmal darauf, das eigene Unverständnis zu äußern. Er betont der Schülerin gegenüber, dass ihr Verhalten auf andere abfärbt und sie ihre Mitschülerinnen damit unter Druck setzt, es ihr gleichzutun.

Der Lehrer spricht sozusagen ein Machtwort, verbietet rundheraus religiöse Begründungen. Im Lehrerzimmer scheinen fast alle damit zufrieden. Bei den Schülerinnen und Schülern sieht das schon anders aus. Einige schlagen sich auf die Seite der Schülerin, manche aus bloßer Solidarität, andere sind eingeschüchtert von der religiösen Autorität, wollen nichts »Falsches« sagen.

Das sind die alltäglichen Dynamiken im Sozialraum Schule. Wir können jetzt Dinge bewerten, gut oder schlecht finden, Argumente als richtig oder falsch einordnen, Kritik üben oder uns solidarisch hinter die Schülerin oder den Lehrer stellen. Wir können Meinungen ausdrücken und auch Urteile fällen. Uns ärgern, uns aufregen. Wir können aber wenig bis nichts daran ändern, dass es so ist. Wir brauchen einen Umgang damit, weniger Urteile oder Meinungen dazu.

Vor allem aber sollten wir cool bleiben. Was wollen die Jugendlichen? Gesehen werden. Was will der Lehrer? Seinen Job machen. Runtergebrochen auf diese zwei Perspektiven haben wir auf der einen Seite junge Menschen, mit allem, was halt dazugehört: Zurechtkommen in der Peergroup, Pubertät, Schwierigkeiten zu Hause, Probleme in der Schule und wahrscheinlich noch viel mehr. Auf der anderen Seite haben wir einen Lehrer, der seinen Rahmenlehrplan im Blick hat, den Kindern was Gutes mit auf den Lebensweg geben möchte, der auch ein Privatleben mit allen dazugehörigen Herausforderungen hat. Wie bringen wir diese Perspektiven gut zusammen?

Diejenigen, die versuchen, ihr Verhalten mit Religion zu begründen, sind häufig – geprägt vom Elternhaus – gläubig praktizierend oder fromm. Dennoch spielt man in meiner Beobachtung die Karte Religion aus anderen Gründen: Schülerinnen und Schüler wissen um das Triggerpotenzial bei Lehrkräften, sie verschaffen sich einen Vorteil durch einen Wissensvorsprung und sie hoffen auf Zuspruch seitens der Mitschülerinnen und Mitschüler.

Viele solcher Situationen wurden mir zugetragen. Ob als externer Berater, der an Schulen gerufen wird, um derartige Konflikte zu lösen, oder als Lehrer, der seine Kolleginnen und Kollegen in solchen Fällen unterstützt. Und jedes einzelne Mal gehe ich nach demselben Schema vor:

Zuhören, einordnen, nachfragen, verstehen, zusammenbringen.

Zunächst einmal müssen alle gehört werden. Wenn wir davon wegkommen, uns in solchen Situationen erst mal zu ärgern und aufzuregen, ist schon viel gewonnen.

Aber Zuhören und der Versuch zu verstehen allein reichen nicht aus. Eine gute Lehrer-Schüler-Beziehung braucht Verbündete. Starke Verbündete können die Eltern, die Familien oder zum Beispiel auch Vertrauenslehrerinnen oder -lehrer sein. Daher ist es sehr ratsam, gut vernetzt zu sein. In vielen Fällen löst sich so manches allein durch das positive Einbeziehen ebendieser Personen auf.

Oft sind Eltern über das Verhalten ihrer Kinder genauso erstaunt oder gar wütend wie Lehrer. Das im Klassenraum übermächtig wirkende Argument der Religiosität entzaubert sich in manchem Elterngespräch fast von allein. Mal leben die Familien sogar säkular. Dann kann das Argument der Schülerin oder des Schülers eine reine Provokation oder eine faule Ausrede sein. Manchmal begegnen mir in den Gesprächen

Bedenken der Eltern, was die Sicherheit der Kinder gerade bei Ausflügen und Klassenfahrten angeht. Diesen Ängsten kann man im Gespräch begegnen und sie den Eltern in der Regel nehmen. Doch zur ganzen Wahrheit gehört natürlich: Es gibt muslimische Schülerinnen und Schüler, die aufgrund religiöser Überzeugungen etwas tun müssen (wie Kopftuch tragen oder beten) oder etwas sein lassen wollen (nicht am Schwimm- oder Sportunterricht teilnehmen oder der Klassenfahrt fernbleiben). Hier ist die Absicht nicht, zu provozieren oder sich aus etwas herausmogeln zu wollen. Es ist die religiöse Überzeugung. Und auch in diesem Fall ist kein Lehrer auf sich allein gestellt. Denn es besteht die Möglichkeit, mit Eltern, anderen Lehrern, Imamen oder externen Expertinnen das Gespräch zu suchen, um gemeinsam Lösungen zu diskutieren und dieser Realität unserer Migrationsgesellschaft gerecht zu werden. Widersprüche wird es in solchen Gesprächen immer geben. Säkulare treffen auf religiöse Überzeugungen. Da hilft nur: Widerspruchstoleranz. Aushalten und dennoch dranbleiben.

Das Gespräch suchen, wirklich zuhören und verstehen wollen, gemeinsam auf die Dinge blicken und alle zu Wort kommen lassen, einordnen, zusammenbringen: Das ist für solche Situationen in aller Regel der Königsweg. Verbote, Sanktionen, Verurteilungen bringen uns hier nicht weiter, sie verhärten die Fronten. In Hamburg wurde im Frühjahr 2024 ein Verbot von Ganzkörperverschleierung für Schülerinnen erlassen. Das betrifft im gesamten Stadtstaat rund zehn Personen. Dass man sich eher die Mühe macht, ein Gesetz für zehn Menschen zu erlassen, anstatt zehn Gespräche zu führen, zeigt die Schieflage in diesen Debatten: Wir halsen uns lieber einen unendlichen Verwaltungsaufwand auf, als dass wir den einfacheren Weg des offenen Austausches gehen.

Kein Lehrer, sondern Muslim

»Am 16. Oktober 2020 wurde der Geschichtslehrer Samuel Paty in einem Vorort von Paris von einem Achtzehnjährigen getötet und enthauptet«. Die Nachricht über dieses unvorstellbar grausame Gewaltverbrechen machte schnell die Runde und sorgte weltweit für Entsetzen und Erschütterung. Eine furchtbare Tat. Ein derart brutaler Mord an einem Geschichtslehrer, das ließ mich – wie alle, die ich kenne – nicht kalt. Wir waren betroffen, es schockierte und bedrückte uns. Der islamistische Täter bekannte sich zu seiner Tat, noch bevor die Polizei ihn stellte und erschoß. In einem auf Twitter veröffentlichten Video behauptete er, den Propheten Mohammed (S. A. W.) mit seiner Gräueltat gerächt zu haben.

In den Tagen und Wochen danach wurde ich wieder und wieder zu der Tat befragt. Es waren immer die gleichen Fragen: »Wie geht es dir als Muslim mit diesem Gewaltakt?« »Wie siehst du als Muslim diese Tat?« Niemand von denen, die mir diese Frage stellten, waren es Kolleginnen, Journalisten oder Menschen aus dem erweiterten Freundeskreis, hatte mich gefragt: »Wie geht es dir als Lehrer damit?« Meine Gesprächspartner entschieden sich hier jedes Mal bewusst gegen mein Identitätsmerkmal »Lehrer« und für »Muslim«.

Ich habe mich inzwischen an diese Fragen gewöhnt. Doch was heute selbstverständlich ist, ist deshalb noch lange nicht richtig. Folgende Frage hätte ich übrigens auch noch akzeptiert, habe sie aber nie gestellt bekommen: »Was macht das mit dir als jemand, der Islamismus an vorderster Front bekämpft und dafür viel Hass abbekommt?«

Vermutlich hätte ich geantwortet, dass es mich traurig macht, traurig, weil ein Mensch gestorben ist. Und ich fassungslos bin, dass so etwas auch noch im Glauben, Gott zu verteidigen, passiert.

Doch es bleibt bei der ewig alten Spannung: Verüben Islamisten furchtbarste Taten, wird meine muslimische Identität im Gespräch überproportional häufig betont und ins Licht der Aufmerksamkeit gerückt. Diese Aufmerksamkeit ist keine positive. Töten deutsche Nazis Menschen, wie beispielsweise in Hanau oder im Falle der Ermordung von Walter Lübcke, dann werden deutsche Bürger in der Regel nicht gefragt: »Was macht das mit dir als Deutscher?« Ganz zu schweigen davon, dass Deutsche aufgefordert werden, sich von rassistischen Anschlägen und Übergriffen zu distanzieren. Der Generalverdacht geht in beiden Fällen nicht auf und ist falsch.

Ich bin Pädagoge. Das ist Teil meiner Identität. Dieser Teil ist unübersehbar groß. Man sieht ihn, wenn man meinen Werdegang betrachtet, von der Ausbildung über mein Lehrerdasein bis hin zu meinen aktuellen Tätigkeiten. Wer sich die Mühe macht und das wahr- und ernst nimmt, der gewinnt mein Herz. Das gilt im Übrigen nicht nur für mich, das gilt für alle Menschen. Von außen zugeschrieben zu bekommen, welcher Teil meiner Identität wichtig ist, um Terror zu verurteilen und Mitgefühl zu zeigen, verbietet sich. Man kann mir, genau wie allen anderen, Menschlichkeit und Mitgefühl zutrauen. Das müsste in den meisten Fällen reichen. Man wird es damit im Zweifel weiterbringen, als wenn man stetig von außen Dinge zuschreibt (»du als Muslim«) und dann eine befriedigende Antwort erwartet. Denn wer sich bereits beim Stellen einer Frage eine ganz bestimmte Antwort erhofft, kann nur enttäuscht werden.

Sommerferien

Es ist Herbst, der Sommer ist rum, erster Schultag im neuen Schuljahr. Meine Freunde und ich tauschen uns auf dem Weg in die Schule aus. Die 9. Klasse, die jetzt beginnt, ist kaum Thema. Zentrum der Gespräche sind die Ferien und die damit verbundenen Reisen. »Wie lange seid ihr gefahren?« »Wart ihr wieder bei eurem Onkel?«

Auch in der Schule dreht sich fast jede Stunde um den Sommer.

Unsere Klassenlehrerin fragt nach unseren Erlebnissen. Luise erzählt lebhaft ihre Urlaubsgeschichte: Italien, genauer Rimini, mit der Familie. Alle im Auto, von Berlin bis runter nach Italien. »Wow, was für eine lange Fahrt! Und da habt ihr alle zusammen ganz tapfer durchgehalten?« Es stellt sich heraus: Unsere Klassenlehrerin reist selbst unheimlich gern, Italien ist sogar ihr Lieblingsreiseziel. Es folgen viele Rückfragen an Luise, die Italienreise wird genau beleuchtet, am Ende wissen wir bis ins Letzte, wo übernachtet wurde, welche Pizzeria am Strand die beste Pizza macht, wie viele Eissorten es gab. Noch während Luise berichtet, freuen wir anderen uns darauf, gleich erzählen zu dürfen. Doch dazu kommt es nicht. Ich werde gefragt: »Wo warst du in den Sommerferien, Derviş?«, und antworte aufgeregt und voller Stolz: »In Yozgat in der Türkei.« »Aha und wo warst du, Ahmed?«, und auch auf Ahmeds »In der Türkei« geht es direkt weiter zum nächsten Schüler. Nicht eine Nachfrage.

Ein ungutes Gefühl macht sich unter uns breit. Scheint so, als seien die spannenden Geschichten Ahmeds gegen den Italien-Urlaub von Luise nichts wert. Untereinander sind wir uns zumindest einig: Die Balkanroute mit dem Auto bis nach Yozgat, bis in die Türkei zu fahren, das war ein Abenteuer.

Da ging es weder durch das beschauliche Mitteleuropa, noch hatte man entspannte Grenzübergänge, vielmehr war jede Grenze ein Erlebnis, jede Reifenpanne sorgte für spannende Begegnungen.

Unsere Klassenlehrerin hätte all das zu Tage fördern können. In einer Klasse, in der 80 % der Schülerinnen und Schüler im Urlaub in ihre Heimat fahren, wäre Interesse zeigen ein leichtes Spiel gewesen.

Einmal interessiert nachfragen – auch wenn es schlimmstenfalls gespieltes Interesse ist – und man erobert die Herzen der Jugendlichen, die da vor einem sitzen. Raum für eigenes Erleben geben, Platz schaffen für mehrere Geschichten und Perspektiven – davon kann jede Schulklasse nur profitieren.

Kinder verdienen es, dass man sie mit großem Interesse umarmt, dass man liebevoll nachfragt, wie es ihnen geht, was ihnen wichtig ist. Mit einer Haltung des Interesses und der Offenheit erreichen wir das Wichtigste überhaupt: die Herzen der Menschen. Gleichsam resultieren daraus positive Folgen für die Elternarbeit: Beim nächsten Elterngespräch kann man direkt mit dem Urlaubserlebnis in den Smalltalk einsteigen. Und in den allermeisten Fällen erobert man damit auch die Herzen der Eltern.

Eine Kreuzberger Schule

Es war einmal ein Bauer in Anatolien. Dieser arme Bauer hatte es schwer. Es wuchs kaum Gras, mit dem er seine Kuh füttern konnte. Harte Zeiten für die Bauern, harte Zeiten für die Kühe. Eines Tages verfütterte der Bauer seiner Kuh eine Handvoll Gras vom Straßenrand.

Nachdem die Kuh mit nur einem Zungenschlag die Grashalme verschlungen hatte, rieb er sich verschmitzt grinsend die Hände und begann die Kuh zu melken. Nach kurzer Zeit war der Euter leer, kaum ein halbes Teeglas Milch hatte der arme Bauer ergattern können.

»Guck mal, diese verfluchte Kuh«, schimpfte er, »ich verarsche sie, sie verarscht mich!«[15]

In den Monaten nach dem brutalen Massaker der Hamas in Israel am 7. Oktober 2023 erreichten uns in Deutschland – vor allem aber auch in Berlin – fast täglich erschreckende Nachrichten von antisemitischen Vorfällen. Vor allem der Hass auf Israel, Antisemitismus mit klarem Bezug zu Israel, ist besorgniserregend angestiegen.

Schlagzeilen wie: »Angriffe auf Jüdinnen und Juden steigen dramatisch an« oder »Über 2200 antisemitische Vorfälle seit dem 7. Oktober« zeichnen ein trauriges Bild der Realität. Jüdische Freundinnen und Freunde berichten mir seit dem Massaker von erschreckenden Entwicklungen. »Derviş, ich spreche mit meinen Kindern schon gar kein Hebräisch mehr auf der Straße«; »Wir verstecken die Kette mit dem Davidstern unter dem T-Shirt«; »Meine Kippa trage ich nur versteckt unter der Mütze«. Jüdische Bekannte berichten von Angst. Die Mesusa haben viele zur Sicherheit vom Türrahmen entfernt, um nicht als jüdisch erkannt zu werden. Auf Haustüren von Jüdinnen und Juden wurden Davidsterne geschmiert, um sie zu markieren und einzuschüchtern. Die Ohnmacht vieler jüdischer und israelischer Menschen, ihre Ängste und Sorgen lösen Empörung und Wut aus. Es ist beschämend, dass jüdische Menschen Angriffen ausgesetzt sind. In dieser Gemengelage fragen sich viele: Was können wir als Gesellschaft tun, um Antisemitismus effektiver zu bekämpfen und dafür zu sorgen, dass Jüdinnen und Juden in Deutschland sicherer und in Frieden leben können?

Eine einfache Antwort darauf gibt es leider nicht. Einfache Antworten vernahm man allerdings schnell nach dem 7. Oktober: »Konsequent abschieben, wer neu hierherkommt und Antisemitismus mitbringt« war zum Beispiel eine der lauten Forderungen aus der Politik. Häufig war von der Idee des sogenannten »importierten Antisemitismus« die Rede. Als sei Antisemitismus etwas, das nach 1945 einfach aufgehört habe und mit dem Zuzug von Menschen aus Regionen, die ohne jeden Zweifel Probleme mit Israel und jüdischem Leben haben, erst wieder nach Deutschland gekommen ist. Doch Antisemitismus lässt sich nicht einfach abschieben, und das Problem auf Migranten zu schieben und sie allein für Antisemitismus in Deutschland verantwortlich zu machen, bringt uns in der Prävention kein Stück weiter. Im Gegenteil: Hier wird auf Antisemitismus mit antimuslimischem Rassismus geantwortet. Stattdessen bedarf es einer gründlichen und gerechten Differenzierung: Antisemitismus in muslimisch-migrantischen Communities in Deutschland stammt größtenteils von Menschen, die hier geboren und aufgewachsen sind. Ihr Antisemitismus kommt nicht von irgendwoher, sondern er existiert hier und muss als Problem dieser Communities auch aus ihnen heraus angegangen werden. Alle, die fordern: »Wer Antisemitismus zeigt, hat keine Bleibeperspektive«, betreiben einfach nur Populismus. Die meisten Antisemiten sind deutsche Staatsbürger. Und es gibt sie sowohl im politisch rechten als auch im politisch linken Spektrum.

Antisemitische Vorfälle sind seit dem 7. Oktober dramatisch angestiegen. Was uns nicht blind werden lassen darf gegenüber der Tatsache, dass es auch ohne direkten Bezug zum Nahostkonflikt Antisemitismus in Deutschland gab und gibt und dass nach wie vor die meisten antisemitischen Vorfälle ihren Ursprung in rechten Milieus haben. Die Forderung, Antisemiten abzuschieben oder die Staatsbürgerschaft vom Nachprüfen antisemitischer Einstellungen abhängig zu machen, ist pure Polemik, Ablenkung und ein Ausdruck der Hilflosigkeit. Das geht an den Realitäten vorbei. Mit Abschiebungen bekämpft man weder Antisemitismus noch sorgt man dafür, dass die »Staatsräson Israel« in der breiten Bevölkerung Unterstützung findet. Mit solchen Forderungen verklärt man Antisemitismus zur bloßen Integrationsverweigerung. Wenn Politiker nur dann über Antisemitismus sprechen, wenn es um Muslime geht, liegt wahrscheinlich eine Instrumentalisierung vor, kein Lösungsvorschlag. Klar ist: Antisemitismus bekämpft man unter Antisemiten. Wie das gelingen kann, lässt sich aus der Arbeit der KIgA mit der Eberhard-Klein-Schule in Berlin-Kreuzberg erklären:

Die Eberhard-Klein-Schule war früher eine klassische Berliner Hauptschule, die vor vielen Jahren zu bundesweitem »Ruhm« gelangte: als erste Schule in Deutschland mit 100% Kindern nichtdeutscher Herkunftssprache. Sie galt als sogenannte Brennpunktschule, eine problematische, stigmatisierende Bezeichnung mit klarer Fokussierung auf die Probleme, die migrantisch gelesene Kinder angeblich mitbringen. Häufig wird Brennpunkt gleichgesetzt mit: hoher Anteil migrantischer Kinder.

Im Zuge der Schulreform und mit Wegfallen der Hauptschulen hatte die Eberhard-Klein-Schule längere Zeit gar keinen Namen. Sie wurde zu einer sogenannten ISS, einer integrierten Sekundarschule, also einer weiterführenden Schule, an der man z.B. die Ausbildungsreife (sprich: Realschulabschluss) erreichen konnte.

In dieser Zeit boten wir Workshops für die Kinder an, zum Nahostkonflikt, stets mit Schwerpunkt Antisemitismus.

Ich arbeitete damals als Referent in der Bildungsabteilung des Jüdischen Museums Berlin. Die Museumsleitung hatte damals erste Versuche unternommen, sich im Kiez zu vernetzen und Partnerschaften aufzubauen. »Wir sind ein Kreuzberger Museum, also wollen wir auch in Kreuzberg wirken, mit starken Partnern zusammenarbeiten und belastbare Netzwerke aufbauen«, so der Wunsch.

Man hatte eine Patenschule gesucht, mit der man enger zusammenarbeiten könnte, um dann Museumsbesuche, Workshops, längere Tagungen zu organisieren. Als eine besonders wertvolle Zusammenarbeit stellte sich unsere Lerngruppe heraus. Hierbei handelte es sich nicht um einen einzelnen Workshop, wir waren nicht bloß für eine Doppelstunde in einer Klasse, sondern begleiteten eine Gruppe von Kindern über ein ganzes Schuljahr. Es gab feste Zeiten, zu denen wir jede Woche zusammenkamen. Eine gemeinsame Vorbereitungswoche in einem abgeschiedenen Tagungshaus außerhalb Berlins diente als Kick-off und zur Vertrauensbildung. In der Gruppe waren viele Kinder mit arabischen, palästinensischen, kurdischen Wurzeln, mit jeweils unterschiedlichen religiösen Hintergründen. Manche trugen Kopftuch oder Halsketten mit Halbmonden. Sie waren aufmüpfig, ziemlich aufgeweckt und manchmal sehr lustig.

Immer wieder mussten wir Provokationen, grenzgängerische Witze, Frotzeleien aushalten. Es waren lebendige, sehr herausfordernde Stunden. Auffallend oft fielen antisemitische Äußerungen. Meistens wurden sie als offene Fragen formuliert: »Wem gehört Coca-Cola?«, zum Beispiel. Ließen wir uns darauf ein, fragten nach, war schnell klar, dass da jemand gern in seiner Annahme bestätigt werden wollte,

Coca-Cola oder McDonalds oder die Medien gehörten »den Juden«. Von der großen jüdischen Weltverschwörung, von gefestigten antisemitischen Weltbildern kaum eine Spur, aber dennoch ein ordentlicher Batzen latenter und halbversteckter Antisemitismus.

Noch deutlicher trat der Antisemitismus der Gruppe zutage, wenn es um Israel ging. Dann hörten wir häufig, wie böse Israel sei, wie schlimm die Palästinenserinnen und Palästinenser unterdrückt würden, dass Israel Kinder töte und vieles mehr. Es war definitiv keine leichte Aufgabe, mit dieser Gruppe ein Jahr lang das Thema Antisemitismus als Schwerpunktthema zu behandeln. Wir hatten viele Momente, in denen wir gute Gründe gehabt hätten, das Handtuch zu schmeißen und dieses Unterfangen zu beenden. Weil es zu problematisch wurde oder manche es phasenweise als hoffnungslos betrachteten, hier noch etwas vermitteln zu können. Wir entschieden uns aber immer fürs Weitermachen.

Die Ablehnung, die wir Pädagogen erfuhren, war nie absolut. Immer nahmen wir trotz der Provokationen auch einen Funken Interesse, eine nicht zu verleugnende Neugierde wahr. Das versuchten wir zu nutzen. Nicht zuletzt begegneten wir immer wieder unseren eigenen Vorurteilen und Stereotypisierungen diesen Kindern gegenüber, mussten feststellen: unser Wissen, unsere Vorannahmen über sie sind oft falsch oder verzerrt. Wir ahnten nicht, was sie alles für Interessen hatten, niemals hätte ich zum Beispiel von dem Kopftuch tragenden Mädchen gedacht, dass sie sich für japanische Mangas interessiert und sich derart tiefgehend in der Materie auskennt. Vieles, was wir über ihre Lebenssituationen angenommen hatten, stellte sich als falsch heraus. Die Serien und Filme, die sie schauten, waren dieselben, die auch wir – und mit uns das ganze Land – schauten.

Während des Schuljahres ergab sich die Gelegenheit, eine Israelreise mit allen Teilnehmern zu organisieren. Der Widerstand war zunächst riesig. Skepsis, Irritation, Bemerkungen wie »Da dürfen wir doch gar nicht einreisen!«, dazu Widerstand aus dem Kreis der Eltern. Die Elternarbeit, das erzählte man uns im Austausch mit Lehrerinnen und Lehrern immer wieder, war ohnehin nicht optimal, unter den Eltern wären antiisraelische und antisemitische Einstellungen verbreitet.

Wir suchten das direkte Gespräch mit den Eltern, wollten nicht einfach aufgeben und das übliche »Gut, wenn die nicht wollen, dann halt nicht« reproduzieren. Wir stießen tatsächlich auf Antisemitismus und Vorurteile, doch in den Gesprächen mit den Eltern wurde deutlich, dass sie ganz andere Sorgen und Nöte umgetrieben hatten. Ihre Sorgen waren vor allem darin begründet, dass sie ein falsches Bild von Israel und der Region hatten. Nachrichten von Terror und Gewalt in Israel weckten bei den Eltern berechtigte Sorgen um die Sicherheit ihrer Kinder. Auch im Umgang mit den Eltern leisteten wir viel Vertrauens- und Beziehungsarbeit. Wir konnten deutlich machen, dass verantwortungsvolle Erwachsene die Kinder begleiten würden. Dass wir verlässliche Partner vor Ort hatten. Außerdem unterstützte die israelische Botschaft diese Reise und war bereit, die Sicherheit der Kinder zu garantieren. Der Widerstand konnte durch diese Vertrauensarbeit gebrochen werden, wir traten die Reise aller anfänglichen Gegenwehr zum Trotz an.

Für die Kinder war die Israelreise eine große, eine aufregende Sache. Der lange Flug, die Sicherheitskontrollen, Israelis dort in der Mehrheit zu erleben. Vor dem Programm hatten sie noch nie Jüdinnen und Juden getroffen, auch keine Israelis. Israel war für die Kinder spannend, vielfältig und gleichzeitig ein ganz gewöhnliches Land. Sie sahen mit eigenen Augen, dass die Menschen dort völlig normal durch die Straßen laufen, in Cafés hocken, Einkäufe erledigen. Das Land war eben doch nicht so anders. und die Bilder, die sie vor der Reise in ihren Köpfen hatten, konnten nicht aufrechterhalten werden. Die Realität unterschied sich von den Vorurteilen. Und bei den vielen Begegnungen vor Ort erfuhren sie von den Schwächen und Problemen dieses Landes.

Während unserer einjährigen Arbeit brachen wir das vorherrschende Schwarz-Weiß-Denken auf. Unsere kontinuierliche politische Bildungsarbeit versetzte die Kinder in die Lage, differenzierter auf Israel zu schauen, sie konnten andere Perspektiven nachvollziehen und leisteten im Anschluss in ihren Peer-Groups wichtige Arbeit. Sie widersprachen antisemitischen Aussagen, setzten verkürzten Stammtischparolen etwas entgegen, widersprachen teilweise auch im eigenen Elternhaus antisemitischen Äußerungen. Sie konnten abwägen, einordnen, erörtern. Und uns politischen Bildnern galt das alles als Beweis, dass Zeit, Vertrauen und die Begegnung auf einer emotionalen Ebene die wesentlichen Faktoren für erfolgreiche antisemitismuskritische Bildungsarbeit darstellen.

Das Projekt ließ uns eins sehr deutlich spüren: Wissen ist Macht und Bildung ist Magie. Denn wir können echte Veränderung durch Erkenntnis bewirken. Das kann berauschend, kann beglückend sein. Zu spüren, dass man wirkt, dass man relevant ist, dass man gehört wird und dadurch sogar etwas verändert, hat definitiv etwas Magisches. Und es zeigt, wenn man sich die Mühe macht, wenn man über den eigenen Schatten springt, können sie Orte verwandeln.

Die ISS Kreuzberg fand im Zuge der Kooperation mit dem Jüdischen Museum Berlin einen neuen Namen: Refik-Veseli-Schule. Nach dem muslimischen Fotografen aus Albanien, der zwei jüdische Familien im Holocaust gerettet hatte und zusammen mit seinen Eltern Fatima und Vesel als erste Albaner von der Gedenkstätte Yad Vashem in Israel als »Gerechter unter den Völkern« geehrt wurde. Die Kooperation zwischen der Refik-Veseli-Schule und dem Jüdischen Museum besteht nach wie vor, regelmäßig finden dort Veranstaltungen zu jüdischem Leben in Kreuzberg, zu Antisemitismus und zum Holocaust statt. Jugendliche aus Israel kommen regelmäßig zum Gegenbesuch.

All das wäre nicht möglich gewesen, wenn nicht alle mitgespielt hätten. Es brauchte alle Player zur rechten Zeit mit der richtigen Einstellung am rechten Ort. Was nach viel Arbeit klingt und es definitiv ist. Veränderung fällt aber leider nicht vom Himmel. Man muss arbeiten, wenn man die Einstellungen der Kinder verändern möchte. Wenn man sich die Mühe macht und es schafft, alle an Bord zu holen, dann kann man wahre Wunder bewirken. Anders als der Bauer, der seine Kuh verarscht, sollten wir ehrlich zueinander und uns selbst gegenüber sein. Mit einer Handvoll Grashalme schaffen wir es nicht zum Melkbetrieb. Entweder investieren wir die Zeit, das Geld und die Liebe in Bildung, die es braucht, oder wir schrauben unsere Erwartungen an das, was am Ende dabei rauskommt, drastisch herunter. Das bedeutet dann auch, dass Empörung über Kinder und Jugendliche (spätestens seit »Rütli« ein Dauerreflex in Deutschland) unangebracht ist. Unangebracht, weil sie von der Schuld der Verantwortlichen ablenkt und sie denjenigen zuschiebt, denen gegenüber sie verpflichtet sind.

Jude – ein Schimpfwort

Die große Pause ist zu Ende und wir sind inmitten der unruhigen, ja chaotischen Phase, in der die Stunde beginnen soll. Eigentlich hat sie schon begonnen, denn das Signal, das immer am Ende der Pausen losgeht, war für alle unüberhörbar. Ein Signal, kein Klingeln oder Gong, sondern ein schriller Ton, der durch die ganze Schule hallt. Eine Tüte Chips geht durch die Reihen. Klassiker, in der Pause wird getobt und gezockt, gegessen wird im Unterricht.

»Herr Hızarcı, wollen Sie auch?«; »Vallah, beste Geschmack, probier mal, Herr Hızarcı! Chakalaka.« Derselbe Schüler hält kurz inne und fragt dann: »Was das, Chakalaka?« Ich lache und sage: »Nein, pack das jetzt weg.«

»Junge, gib ma' jetzt!« ruft der Schüler. »Lan, du Schwein, reicht jetzt!«

»Was für ein Geier! Ein Jude, ich schwör!« Die Klasse ist weiterhin unruhig, manche lachen, einer kreischt, die Handys sind auch noch nicht weggepackt, Chaos.

»Herr Hızarcı, er hat Jude gesagt!« ruft einer. »Dein Vater ist ein Jude!« entgegnet ein anderer. Ich kann das weder überhören noch ignorieren. Ich bin genervt und denke: Die wissen genau, dass das mein Thema ist. Auf jeden Fall ist eine Intervention nun unausweichlich.

»Hey!«, rufe ich laut. Es wird für einen Augenblick ruhig, bis einer sagt: »Wie er übertreibt.«

»Es reicht jetzt«, sage ich mit lauter Stimme, »was soll das?«

Ein unbeteiligter Junge stellt sich stellvertretend für die anderen dumm und fragt: »Was denn?!«

»Lass den Scheiß!« kriegt er von mir zu hören. Und ich frage den anderen: »Warum redest du so?« Bevor er antworten kann, ruft wiederum ein anderer: »Weil er ein Jude ist!«

Die Klasse tobt, alle lachen sich kaputt. Langsam beginnt es in mir zu kochen. Die Situation fühlt sich an wie in einer Küche mit sechsundzwanzig Kochfeldern. Alle Töpfe sind am Überkochen. Ich schaffe es nicht mehr, die Deckel rechtzeitig zu heben. Der antisemitische Alltag an einer deutschen Schule. Den letzten Schüler schicke ich vor die Tür. »Der Nächste geht zum Direktor!«

»Vallah, er macht ernst« versucht einer zu flüstern, dem das Flüstern mit seiner basslastigen Stimme schon seit einem Jahr nicht mehr gelingt.

Ich frage noch einmal: »Was soll das? Was ist euer Problem?« Alle sind ruhig, hier und da wird noch getuschelt. »Wie redet ihr miteinander? Ständig Beleidigungen, Beschimpfungen. Könnt ihr nicht normal reden?«

»Wieso, Sie fluchen doch auch! Du hast ›Scheiße‹ gesagt!« sagt eine Schülerin zu mir. »Ja, und gestern haben Sie ›Schnauze‹ zu mir gesagt!« ruft ein anderer hinterher. »Dann haben wir offensichtlich alle ein Problem«, antworte ich. Ich packe das Klassenbuch aus und schreibe die Namen der Kinder auf, die diese Ausdrücke benutzt haben. Ich versehe die Namen mit der Notiz: Elternanruf!

Die Klasse wird unruhig. »Was macht der da?«, »Was machen Sie da?«, »Er schreibt Namen auf«, sagt die Schülerin, die von ihrem Platz aus einen guten Blick auf meinen Lehrertisch hat, ballt ihre Faust vor dem Mund und sagt schadenfreudig: »Uh, er hat euch alle aufgeschrieben!« Wieder lachen welche, wieder wird es unruhig und sowohl die Hauptrollen als auch die komplett Unschuldigen rufen einer nach dem anderen »Ich auch?«, »Mich auch?«, »Warum ich?«, »Was hab ich gemacht?«. Ich ignoriere alles und sage: »Bringt mir eure Hausaufgaben nach vorne.« Chaotisch landen Zettel mal lose, mal zerknittert, mal halbwegs ordentlich abgeheftet vor mir. Das Signal ertönt. Pause.

Im Schulalltag gibt es zahlreiche herausfordernde Begegnungen zwischen Schülern und Lehrern. Oft knallt man frontal aufeinander. Besonders schwierig wird es, wenn geflucht, beschimpft oder beleidigt wird. Wenn es um Rassismus, Homo- und Transfeindlichkeit, Antisemitismus oder andere Diskriminierungen geht, kommen Lehrer oft an ihre Grenzen. Nun ist es auch nicht einfach: Die Situation erfassen, das Problem erkennen, dazwischengehen, Betroffene schützen, Diskriminierungen erkennen, mögliche Sanktionen überprüfen, Elterngespräche im Blick haben und die ganze Klasse aufklären. Da ist man schnell mit dem Latein am Ende. Lehrerinnen und Lehrer klagen immer wieder: »Strafen greifen überhaupt nicht, weil ich gar nicht ernst genommen werde. Ich habe häufig sogar das Gefühl, manche meiner Schüler nehmen Strafen ganz bewusst in Kauf!« Viele Jugendliche, aber auch schon Kinder im Grundschulalter halten Beschimpfungen schlicht für »normal« oder »cool« und lassen sich nur ziemlich schwer eines Besseren belehren. Das Gefühl der Überforderung ist hier nur verständlich – schließlich hat am Ende die Lehrerin oder der Lehrer die Verantwortung, solche Äußerungen zu unterbinden und für ein möglichst harmonisches Miteinander im Klassenverband und im Schulalltag zu sorgen.

Ein Schüler, der seinen Mitschüler als »du Jude« beschimpft, tut das mit der Absicht, andere zu verletzen. Wichtig ist: Der Ausspruch richtet sich dabei gegen jüdische und nichtjüdische Menschen gleichermaßen und richtet immensen Schaden an. Selbst wenn keine Juden im Raum sind.

Denn Antisemitismus, das kann man immer wieder feststellen, funktioniert auch ohne Juden.

Ich habe häufig die Beobachtung gemacht, dass es vielen in Deutschland schwerfällt, das Wort »Jude« in den Mund zu nehmen. Jude zu sagen, was an und für sich selbstverständlich und weder problematisch noch schlecht ist, kostet viele interessanterweise Überwindung. In den Jahren unmittelbar nach der Shoah war das Wort »Jude« eines, das viele fast nie in den Mund nehmen konnten. Scham war oft der Grund für die Vermeidung, aber auch eine Unsicherheit, die aus jahrelangem Antisemitismus, Terror und offenem Hass gegenüber Juden entsprang. Darf man das Wort »Jude« überhaupt noch sagen? Diese Frage war sehr verbreitet. Bedauerlicherweise erlebt das Wort als Beschimpfung eine unrühmliche Renaissance im deutschen Sprachgebrauch.

Weil wir dem als Gesellschaft entgegentreten müssen, vor allem aber, weil jeder und jede in der Lage dazu sein sollte, stelle ich an dieser Stelle einmal ausführlich die Methode vor, mit der ich meinen Chaotentrupp für Antisemitismus sensibilisiert habe. Die üblichen Reaktionen auf Antisemitismus in der Schule sind häufig das Lesen des Tagebuchs von Anne Frank, der Besuch einer Gedenkstätte, eines Jüdischen Museums oder gar einer Synagoge.

Ich bin unbedingt dafür, dass man während der zehn verpflichtenden Schuljahre in Deutschland all diese Orte besucht, diese Besuche gut vor- und nachbereitet, sich mit den Themen Judentum, jüdische Vielfalt, der Geschichte der Shoah, Antisemitismus auseinandersetzt und selbstverständlich auch das Tagebuch von Anne Frank liest. Nur eignet sich all das nicht immer als Antwort auf jeden Zwischenfall. Mir geht es darum, dass wir manchmal passendere Konzepte für gegenwärtige Erscheinungsformen des Antisemitismus benötigen, die aktuelle Umstände und Situationen berücksichtigen.

Für die geschilderte Situation im Klassenzimmer habe ich folgende Methode entwickelt. Sie ist übrigens in jedem Fall von diskriminierendem Verhalten und menschenfeindlichen Äußerungen – innerhalb und außerhalb der Schule – anwendbar. Ziel ist es, bei Grenzüberschreitungen handlungsfähig zu bleiben. Und dass mein Gegenüber, in meinem Fall die Schülerinnen und Schüler, ein Problembewusstsein entwickeln. Sie sollen ihr Verhalten reflektieren und ihre Einstellungen ändern oder korrigieren. Kurzum: Sie sollen den Scheiß lassen. Der Schutz Betroffener steht immer im Vordergrund. Dies zu gewährleisten ist oberste Priorität. Im Zweifel sollte die Methode nicht angewendet oder abgebrochen werden. Sie hat zudem Risiken und Nebenwirkungen wie etwa Reproduktion von Diskriminierungen. Es empfiehlt sich, sie nur in Gruppen anzuwenden, bei denen eine intakte Lehrer-Schüler-Verbindung besteht. Vertrauen und eine belastbare Beziehung werden vorausgesetzt.

Sprache und Gewalt – eine Methode

1. Reagieren

Die Reaktion auf diskriminierende Äußerungen sollte direkt und unmittelbar erfolgen. Ob im Späti, im Bus oder eben im Klassenzimmer.

Es gilt, den Jugendlichen ihr Verhalten ungefiltert zu spiegeln und Möglichkeiten der Reflexion anzubieten. In der Regel eignen sich offene Fragen: »Was hast du da gesagt?«, »Was meinst du damit?«, »Warum hast du das gesagt?« oder

»Woher hast du das?«. Eine direkte und unmittelbare Konfrontation erhöht die Chancen, gegen Diskriminierung, Antisemitismus und Rassismus erfolgreich vorzugehen. Die Schülerinnen und Schüler müssen vermittelt bekommen, hier ist etwas passiert, was nicht in Ordnung ist und Konsequenzen hat.

2. Einordnen

Eine erste Einordnung vornehmen und das Phänomen klar beim Namen nennen: »Was hier gerade gesagt wurde, ist eine antisemitische Diskriminierung.«

Jetzt könnte man komplett frei drehen und fragen: »Welche Ausdrücke, Schimpfwörter, Beleidigungen kennt ihr noch?«

Ich habe das tatsächlich gemacht und hatte je nach Betrachtungsweise die schlimmste oder die lustigste Doppelstunde meines Lebens.

Die Variante für Beginner ginge so: »Welche Diskriminierungsformen kennt ihr?« Im Klassenzimmer hält man die Wortmeldungen am besten fest, schreibt sie auf und clustert sie anschließend nach Möglichkeit.

3. Diskutieren

Mit einer gleichberechtigten und offenen Diskussion steht und fällt der Erfolg der Intervention. Nachdem die Schülerinnen und Schüler unterschiedliche Diskriminierungsformen benannt, zugeordnet und Beispiele gefunden haben, werden sie diskutiert. Hierbei helfen wieder offene Fragen. Natürlich geht es hier auch um eine korrekte Bearbeitung der Themen: Antworten, die sachlich falsch sind, sollten korrigiert werden. Rassismus, Antisemitismus, Homo- und Transfeindlichkeit muss sofort Einhalt geboten werden. Dabei ist besonders darauf zu achten, die Selbstachtung der Schüler zu schützen und sie nicht vor den anderen doof dastehen zu lassen oder sie sogar bloßzustellen. Es können auch persönliche Diskriminierungserfahrungen reflektiert und eingebracht werden.

Erst an dieser Stelle wirkt die Frage »Wie fühlt es sich an, wenn man beleidigt wird?« oder persönlicher: »Wie würdest du dich fühlen, wenn du so beleidigt werden würdest?« Denn in der Regel ist erst jetzt die Offenheit für einen Perspektivwechsel vorhanden.

In der pädagogischen Praxis begegnet es mir immer wieder, dass Jugendliche auf die Frage, ob sie selbst schon einmal Diskriminierung erlebt haben, verneinend reagieren. Fragt man aber direkter nach und verbindet das mit konkreten Beispielen, kommen meist doch einige Erfahrungen zusammen. Die Frage »Wer wurde schon einmal wegen seines Aussehens, eines Kopftuches oder Ähnlichem beleidigt?« ist für die Diskussion in der Regel fruchtbarer als eine allgemeiner formulierte.

4. Ergebnisse sammeln

Die zentralen Ergebnisse aus der Diskussion aufschreiben. Zu den einzelnen Diskriminierungsformen wird also hinzugefügt, was dadurch ausgelöst wird, was hinter solchen Äußerungen steht usw. Es entsteht darüber hinaus ein Bild davon, welche Diskriminierungsformen in der Klasse vorkommen, woraus sich weiterer Handlungsbedarf ergeben kann.

5. Transparente Umgangsformen vereinbaren

Sind die Ergebnisse gesammelt, können Regeln zum Umgang mit Diskriminierung festgelegt werden. Dabei kommt es ganz auf die Klasse und die Situation vor Ort an.

Mal kann es sinnvoll sein, die Klassensprecherin oder den Klassensprecher als erste Ansprechperson zu bestimmen. Es können aber auch mögliche »Täter« und »Täterinnen« in die Pflicht genommen werden. Die Klasse kann auch ein Leitbild für den Umgang miteinander formulieren, dem sich alle verpflichten. Wichtig für einen erfolgreichen und nachhaltigen Effekt dieses Ansatzes ist vor allem, dass sich möglichst alle beteiligen und die Ideen vor allem von den Schülerinnen und Schülern selbst kommen, um eine größtmögliche Identifikation mit den vereinbarten Umgangsformen möglich zu machen.

6. Mögliche Sanktionen vereinbaren

Hier ist es vor allem Aufgabe der Lehrkraft, zu steuern und die Verhältnismäßigkeit und Angemessenheit von Sanktionen abzuwägen. Sich auf Sanktionen zu einigen hilft aber, wenn man sie später durchsetzen muss.

Wie das im Umgang mit Erwachsenen gehen kann? Sicherlich nicht viel anders. Aber ganz sicher mit mehr Nachdruck. Kinder testen Grenzen, provozieren und können Konsequenzen nicht zwingend abschätzen. Erwachsene sind viel eher rassistisch, denn in der Regel wissen sie mehr.

Während wir in der Klasse die beschriebene Methode durchführten, trafen wir uns mehrfach mit Expertinnen und Experten, die zum Teil selbst Betroffene waren. Menschen mit Behinderung, eine Jüdin und ein Schwuler waren in dieser Zeit unsere Gäste. Mit viel Geduld haben sie sich auf unser Abenteuer eingelassen. Viel Wissen über die verschiedenen Diskriminierungsformen vermittelte sich so. Die Kinder waren in der Lage zu erklären, was Antisemitismus ist, wie er in Erscheinung tritt und wie sich Betroffene fühlen. Der ganze pädagogische Prozess und die Begegnungen führten am Ende dazu, dass kaum noch Beleidigungen vorkamen. Es war nicht mehr lustig, nicht mehr unproblematisch, so zu reden.

Rassismus. Berlin. Rostock

Es ist Sommer. Wir sitzen zu zweit, jeder hat ein Glas Rotwein vor sich, wir sind beide recht erschöpft. »Prost mein Lieber, war ein guter Tag heute. Danke nochmal, dass du mitgekommen bist.« Ich komme gerade von einem Studio-Interview für die *Deutsche Welle*. Mit einem Freund – wir nennen ihn Krille –, der mich begleitet hat, sitze ich an den Hackeschen Höfen in Berlin-Mitte an einem lauen Sommerabend in einer klassischen Berliner »Touri-Falle«. Im Interview ging es um einen antisemitischen Übergriff an einer Berliner Schule, um Antisemitismus in Deutschland generell und vor allem darum, wie wir als Gesellschaft reagieren, wie wir Antisemitismus bekämpfen können. Anfangs kreist unser Gespräch noch darum. Wir stoßen an, reflektieren den Fernsehauftritt, analysieren ihn noch eine Weile und driften dann nach und nach ab. Eine Kippe folgt der nächsten. Der Wein wirkt, Sprüche werden geklopft.

Nach einer Weile werden wir auf das Gespräch hinter uns aufmerksam. Zwei Paare haben sich gesetzt und unterhalten sich jetzt bei Bier mit leicht erhitzten Gemütern. Wir hören jedes Wort und erfahren im Verlauf auch ihre Namen. Stefan und Claudia, dem Gespräch nach ein Paar, unterhalten sich mit Heiko und Sabine,[16] ebenfalls liiert. Alle vier sind ungefähr gleich alt, Krille und ich schätzen sie auf um die fünfzig. Thema ist unter anderem eine Einrichtung für Geflüchtete in ihrer Nachbarschaft. »Die trommeln die ganze Nacht durch«

ist noch der harmloseste Satz, den Stefan von sich gibt. Heiko und Sabine mischen mal mit, mal lachen sie nur lauthals über die rassistischen Sprüche. Als wir das dritte oder vierte Mal laut und deutlich das »N-Wort« hören, drehe ich mich um.

»Entschuldigen Sie, aber wir sitzen hier und sollen anscheinend mithören.«

»Ach ja?!«

Stefans Rückfrage wirkt leicht flapsig und belustigt. Wir beginnen eine Diskussion. Interveniert haben wir ja bereits. Krille schaltet sich ein: »Dass Sie die ganze Zeit das N-Wort sagen, das geht gar nicht!«

Die vier scheinen da gespaltener Meinung. Stefan und Heiko sind sich erst mal einig. Stefan antwortet:

»Das ist ein ganz normales Wort, ich beleidige hier doch niemand. Warum fühlt ihr euch überhaupt angesprochen?«

»Wann dürfen wir uns denn Ihrer Meinung nach angesprochen fühlen?«, antworte ich mit einer Gegenfrage.

»Na, wenn ich mit Ihnen rede, und das tun wir ja gar nicht!«

»Wenn ich was höre oder mitbekomme, was mich stört, dann brauche ich keine extra Aufforderung.«

Beschwichtigend geht Claudia dazwischen: »Na ja, das war schon ein bisschen übertrieben. Und manche Sachen sagt man einfach nicht.«

Heiko springt nun Stefan zur Seite: »Was ist da schon bei? Ist doch nur ein Wort, also kein Grund, sich so anzustellen.«

Die Diskussion nimmt Fahrt auf. Wir erklären, was aus unserer Sicht hier problematisch ist. Die Vierergruppe scheint nicht vollkommen einer Meinung zu sein. Immer wieder fallen die beiden Sätze:

»Das wird man ja wohl noch sagen dürfen.«

»Heutzutage darf man ja gar nichts mehr sagen.«

Wir lassen nicht locker. Allein unsere gezielten Nachfragen bringen uns in dieser Diskussion weiter:

»Wollen Sie fremde Menschen beleidigen?«

»Nein.« Heiko ist sich sicher.

»Wollen Sie rassistisch sein?«

Stefans »Nö!« klingt fast beleidigt. Krille versucht es mit einem Beispiel: »Angenommen, hinter uns läuft jemand vorbei. Sie nehmen diese Person nicht wahr, die Person kann Sie aber hören. Angenommen, diese Person ist Schwarz. Was glauben Sie, wie fühlt sich diese Person, wenn sie das N-Wort hört? Aber auch ganz unabhängig davon: Wir saßen ja die ganze Zeit hier und haben euch zugehört. Und da denkt man sich dann schon mal schnell: Verfluchte Nazis. Dabei sind Sie das doch sicherlich gar nicht, oder?«

Die Runde schweigt etwas bedröppelt. Der Erste, der seine Sprache wiederfindet, ist Stefan:

»Nein, das sind wir nicht.«

Damit haben wir sie nach einer guten Stunde anstrengender Diskussion eingefangen. Wir einigen uns darauf, anständige Menschen sein zu wollen. Den Rassismus bekommen wir in der weinseligen Stimmung und in der Kürze der Zeit nicht aus ihnen raus. Aber immerhin reflektieren sie ihre Handlungen und wir einigen uns am Ende darauf, dass mögliche beleidigende, rassistische Worte nichts in der Öffentlichkeit zu suchen haben. Keine Sanktionen aber: ein Teilerfolg. Wir lernen uns kennen, stellen uns vor und tauschen uns über Berlin aus. Sie sind alle vier aus Rostock. Ich schwärme kurz von Warnemünde. Sie fragen, wo man in Berlin den besten Döner bekommt. Krille fragt: »Wart ihr schon mal in Kreuzberg? Da gibt's an jeder Ecke gute Dönerläden.«

Als Sabine stellvertretend für die Truppe verneint, falle ich warnend ein: »Aber Vorsicht, da seid ihr nicht unter euch, immer schön auf den Geldbeutel achten!«

Stefan ist sichtlich irritiert, hakt ein und fragt nach: »Ach, und das ist doch jetzt nicht rassistisch, oder wie?«

Krille sagt: »Doch, ganz genau.«

Heiko scherzt, mit einem Kopfnicken in meine Richtung: »Na, nicht, wenn er das sagt!«

Ich antworte grinsend: »Das wird man ja wohl noch sagen dürfen!«

Alle lachen. Und ich ergänze: »Aber im Ernst: Glückwunsch, Stefan! Du erkennst Rassismus ja, wenn du ihm begegnest!« Wieder Gelächter, die Stimmung, die anfangs angespannt war und mehrfach zu kippen drohte, ist gelöst.

Vom Gefühl, nichts mehr sagen zu dürfen, wird häufig gesprochen. Dass man nichts mehr sagen darf, ist natürlich Unfug. Krille hat das wie folgt zusammengefasst: »Gefühle sind ja nie wahr. Konnte mir noch nie einer beweisen, dass ich mich so oder anders gefühlt habe. Gefühle sind derart individuell und so nah an der Person, so subjektiv und gleichzeitig so flüchtig, wie soll man die beweisen? Und für unser Thema hier ein Beispiel: Wenn du zehnmal ›scheiß Ausländer‹ brüllst und dann eins auf die Fresse kriegst, dann hast du dennoch zehnmal brüllen dürfen. Zu behaupten, man dürfe nichts sagen, ist also komplett an der Realität vorbei. Die gerechte Faust im Gesicht ist dann ja auch nur eine Antwort auf eine dumme – rassistische – Provokation.«

Nicht mein Stil. Aber Heiko hats kapiert. Jedenfalls hat er zustimmend genickt.

Und tatsächlich passiert zur Verabschiedung etwas, was mir in dieser Form bisher nicht untergekommen war: Wir verabschieden uns per Handschlag bei allen vieren und nehmen ihnen das Versprechen ab, rassistische Dinge, wenn überhaupt, dann nur zu Hause, wenn niemand es mitbekommt, zu sagen. Bin ich damit glücklich? Nein. Kann ich halbwegs zufrieden sein? Ich denke schon.

Wenn wir Glück haben, wird diese Erfahrung bei den vieren genauso lange nachhallen wie bei Krille und mir. Das Gespräch hat Spuren hinterlassen. In diesen zwei weinseligen Stunden haben sich vielleicht nicht die Einstellungen komplett geändert. Aber ein erster Schritt ist getan, ein Denkanstoß gegeben. Und, wie wir gesehen und gehört haben, sind sie fähig, Rassismus zu erkennen. Die letzten Meter machen unsere Rostocker hoffentlich selbst und erkennen, dass Rassismus auch dann bekloppt ist, wenn sie in ihrem Wohnzimmer schlimmstenfalls den Hibiskus oder die Kuckucksuhr rassistisch beleidigen, weil sonst Gottseidank niemand zuhört.

Rassismus, das haben alle vier Rostocker an diesem Abend verstanden, ist das Problem von Rassisten. Ihr Bild in der Öffentlichkeit, in der sie sich bewegen, leidet. Für dieses Bild haben sie sich geschämt. Rassist war für Claudia, Stefan, Heiko und Sabine etwas, das sie nicht sein wollten. In solchen Situationen kann man an dieser Stelle übrigens fast immer ansetzen. Für viele ist der Satz »Ich bin ja kein Rassist, aber …« einer, der garantiert mit Rassismus endet. Stimmt ja auch. Gerade auf Social Media ist das ein Satz, der ständig fällt und dessen Fortführung ganz sicher als rassistisch entlarvt werden kann. Doch der erste Satzteil, das Ablehnen und Negieren von Rassismus, stellt eine Anknüpfungsmöglichkeit dar, mit der man trotz problematischer Äußerungen arbeiten kann. *Eine* Möglichkeit. Ich möchte niemandem zumuten, insbesondere nicht von Rassismus betroffenen Menschen, sich mit so etwas auseinandersetzen zu müssen. Nach wie vor ist es selbstverständlich nicht die Aufgabe von Betroffenen, dagegen vorzugehen und aufzuklären.

Häufig erleben wir, dass Leute alles, ja wirklich alles sagen und dann hinterher meinen, dass sie nichts mehr sagen dürfen.

Die Gefahr, sich in solchen Diskussionen auf Nebenkriegsschauplätzen zu verlieren und eher über Begriffe als den Rassismus selbst zu diskutieren, ist hoch. Kümmern wir uns beim Rassismus nicht um den Rassismus selbst, sondern konzentrieren wie unsere Hauptenergie auf die Fragestellung: »Ist das jetzt rassistisch oder sonst wie diskriminierend?«, entfernen wir uns nur weiter und weiter vom Ziel. Ich bin überzeugt, dass wir die Dinge beim Namen nennen sollten. Das bedeutet auch, sie richtig zu benennen. Ich für meinen Teil bin aber auch davon überzeugt, dass, wenn zum Beispiel jemand bei einem rassistischen Vorfall am Bahnhof mutig interveniert mit: »Das ist Fremdenhass!«, zuallererst der Mut anerkannt werden muss. Der wiegt schwerer als die falsche Bezeichnung.

»Das ist Rassismus und kein Fremdenhass. Das sind nämlich keine Fremden, und wenn du sie so bezeichnest, dann bist du Teil des Problems!« Solche Antworten sorgen dafür, dass wir die Guten, die potenziell »Verbündeten« vergraulen. Das richtige Handeln muss bekräftigt werden. Von Rassismus betroffene Personen berichten immer wieder erschüttert:

»Niemand hat was getan, keiner hat was gesagt!«

Ihnen ist nicht geholfen, wenn nur jemand sein Wissen aus einem Antirassismus-Workshop platzieren möchte. Das Einschreiten wiegt schwerer. Manchmal neigen wir dazu, Dinge zu verkomplizieren. Wir dürfen selbstverständlich unendlich kompliziert denken. Aber bitte einfach handeln.

Danach kann man sich ja gern weiter austauschen. Vielleicht findet man in einem offenen Gespräch gemeinsam zur richtigen Bezeichnung »Rassismus« oder gibt Wissen aus jedwedem Workshop weiter.

Die Frage, die sich bloß alle mal stellen müssen, ist:

»Will ich helfen, oder will ich mich vor allem gut fühlen?«

Auch in anderen Kontexten begehen wir diesen Fehler leider zu häufig: belehren, korrigieren, disqualifizieren. Der Prophet Mohammed (S. A. W.), so wird es überliefert, beschreibt es sinngemäß so:

»Wenn man Unrecht sieht, soll man die Hand dagegen erheben. Wenn man die Hand nicht heben kann, soll man das Wort ergreifen. Wenn man das Wort nicht ergreifen kann, soll man im Herzen dagegen sein.«[17]

Darf man das? – eine Methode

Rassismus und diskriminierende Sprache erfahren inzwischen immer häufiger Widerspruch. Gut so! Hätten Krille und ich an dem beschriebenen Abend mehr Zeit, weniger Wein und unseren Methodenkoffer eingepackt, hätte uns vermutlich »Darf man das?« weitergeholfen.

Es ist eine Methode, die wir in Workshops und Fortbildungen zu Erinnerungskultur mit Kindern, Jugendlichen und Erwachsenen verwenden. Sie funktioniert so: Wir zeigen Teilnehmenden Fotos, die in Gedenkstätten entstanden sind. Zum Beispiel das Bild einer Gruppe Jugendlicher vor den Eingangstoren der KZ-Gedenkstätte Auschwitz, die lachend Selfies macht. Dazu die Frage: »Darf man das?« Nun könnte man schnell reagieren, ja oder nein sagen. Aber natürlich geht es nicht um eine Meinungsabfrage, sondern wir wollen einen Urteilsbildungsprozess in Gang setzen. Weshalb wir ergänzen: »Finde drei Argumente dafür und drei Argumente dagegen.« Es wird in Kleingruppen gearbeitet, sodass man sich austauscht und sich in eine kritische Auseinandersetzung begibt. Die Teilnehmenden sind gezwungen, sich jeweils mit Gegenpositionen auseinanderzusetzen.

»Darf man das?« trägt zu Offenheit bei und hilft, unterschiedliche Perspektiven zu verstehen, aber auch die eigene zu hinterfragen und möglicherweise sogar zu einer neuen Meinung zu kommen. Als Pädagoge kommt man da manchmal ganz schön ins Schwitzen. Das auszuhalten und nicht gleich mit der Verbots-Keule alle Argumente totzuschlagen, ist allerdings ein echter Gewinn. Denn dann trainieren wir gemeinsam unsere Widerspruchstoleranz, also die Fähigkeit, Widersprüche auszuhalten, mit unterschiedlichen Konzepten konfrontiert sein zu können, ohne dem Gegenüber sprichwörtlich oder im Wortsinn den Kopf einschlagen zu wollen. Damit ist viel gewonnen. Denn im Grunde bezeichnen wir damit nichts anderes als die Grundlage für allgemeine Toleranz. In der Regel hat man sein Gegenüber im Gespräch schnell in eine Schublade gesteckt. Je nachdem, wie man so drauf ist, ist die eher so chaotischer Zettelkasten oder antiquierte Kommode, in die man Dinge rein-, kaum aber rausbekommt. Ob Zettelkasten-Chaos oder verstaubte Kommode, in jedem Fall lohnt es sich, die Schubladen einen Spalt offen zu lassen. Nicht beim geringsten Widerspruch gleich in die Defensive zu gehen, sondern mal aushalten und ganz im Sinne Nasreddin Hodschas: Dranbleiben, nicht aufgeben!

Wann bin ich irritiert, was löst bei mir einen Widerspruch aus? Häufig sind es Dinge, die meine Gewohnheiten, das für mich Bekannte in Frage stellen. Wenn ich gewohnt bin, dass

Quietscheenten gelb sind, wird mich eine blaue Quietscheente irritieren. Doch die blaue Ente kann wenig für die Irritation, in meinem Erfahrungshorizont kam sie bloß noch nicht vor. Ich könnte die blaue Ente einfach ignorieren oder verdrängen, wenn sie mich überfordert. Selbst die übereifrige Idee, die Ente gelb zu lackieren, könnte mir in den Sinn kommen. Aber sowohl für sie als auch für mich wäre es besser, wenn mir jemand dabei helfen würde zu verstehen, dass nicht sie das Problem ist, sondern ich ein Problem habe. Nur ist die eigene Gewohnheit zur Norm zu erklären und alles andere abzulehnen meistens einfacher, als sie in Frage zu stellen. Schule als Lernort hat vielleicht einzig und allein die Aufgabe, zu vermitteln, dass die Welt nicht untergeht, wenn einem mal eine blaue Ente über den Weg läuft.

Und übrigens kann man auch mal die blaue Ente fragen, wie es ihr geht und wie sie sich fühlt, wenn sie jedes Mal feststellen muss, dass sie ohne aktives Zutun andere irritiert und provoziert nur allein auf Grund der Tatsache, dass sie so ist, wie sie ist. Es geht also darum, »Normalitäten« zu hinterfragen und diese – von einer dominanten Mehrheitsgesellschaft ausgehenden – Normen, die auf falschen Annahmen und Vorurteilen basieren, zu korrigieren.

Willkommensklassen

Als Merkel 2015 ihren wahrscheinlich berühmtesten Satz »Wir schaffen das!« sagte, wusste noch kaum jemand, was hier von wem und vor allem wie geschafft werden sollte. Unglücklicherweise wurde für die Herausforderung, die Städte und Kommunen mit der Aufnahme hunderttausender Geflüchteter angehen mussten, schnell das populistisch geprägte

Wording der »Flüchtlingskrise« gefunden. Schade auch, dass die Tausenden, die ohne zu zögern die Ärmel hochgekrempelt und angepackt haben, komplett in Vergessenheit zu geraten drohen. Schnell wurden Einrichtungen aus dem Boden gestampft, Sporthallen und Vereinsheime umfunktioniert, und auch im Bildungskontext hat man unheimlich schnell reagieren müssen, um die zahlreichen schulpflichtigen Kinder und Jugendlichen in die Schulen aufzunehmen.

In Berlin habe ich in sogenannten »Willkommensklassen« mitgearbeitet. Viele sprachen über diese Kinder, wenige mit ihnen. Die Debatten waren aufgeheizt, hatten häufig extrem rassistische Untertöne. Fast niemand berücksichtigte, wer diese Menschen sind, die da kommen, und was sie alles mitbringen. Das Bild der homogenen Masse muslimischer, vor allem männlicher Menschen, die nach Europa fliehen, war und ist ein falsches. Willkommensklassen waren von Stunde eins an hochgradig divers. Kulturelle, sprachliche und religiöse Vielfalt war von Anfang an normal in diesen Klassen.

In meine Willkommensklassen gingen beispielsweise jesidische Kinder. Einige dieser jesidischen Kinder erlebten in der U-Bahn, in der Schule, im Schwimmbad oder bei Edeka immer wieder heftigen antimuslimischen Rassismus. Kinder, die den Genozid des sogenannten »Islamischen Staats« überlebt hatten, wurden hier als Muslime gelesen und rassistisch angegangen.

Afghanische Kinder, deren gesamter Lebensweg stark von den Ereignissen des 11. September beeinflusst war, wussten oft wenig oder gar nichts über die Geschehnisse an diesem Tag. Afghanische Kinder, die im Iran aufgewachsen sind, weil ihre Eltern dorthin flüchteten, kamen über unvorstellbare Umwege und Fluchtrouten nach Deutschland. Hier angekommen, stellten wir im Unterricht fest, dass vielen unter ihnen der Auslöser der eigenen Fluchtgeschichte unbekannt war.

Von den Herausforderungen der Willkommensklassen weiß auch meine Kollegin Frau Carolin zu berichten. Seit 2018 arbeitet Caro an einer Grundschule im Berliner Wedding als Klassenlehrerin einer Willkommensklasse. Sie kommt aus Stuttgart, hat einen evangelisch-schwäbischen Hintergrund und ist eine ganz normale Lehrerin an einer ganz normalen Berliner Grundschule. Böse Zungen sagen »Brennpunktschule«. Caro nicht. Sie arbeitet fast ausschließlich mit Kindern ohne jede Deutschkenntnis und unterstützt sie beim Ankommen in Deutschland.

Wenn Caro ein neues Kind begrüßt, das wirklich noch kein einziges Wort Deutsch spricht, dann ist die Vorstellungsrunde und das Kennenlernen des Namens in der Regel der erste Schritt, der gemeinsam gegangen wird. Caro beginnt ihren Unterricht also nicht mit Konjugieren oder der Geschichte des Mauerfalls, sondern mit den absoluten Basics. Sie zeigt auf sich, sagt: »Carolin.« Sie zeigt auf das Kind und schaut erwartungsvoll, geduldig, fragend. Meist verstehen die Kinder und antworten. Den Rest regelt, gerade zu Beginn, Google Translate auf dem Handy. Als Caro vor sechs Jahren die erste Willkommensklasse übernommen hat, gab es für sie zum ersten Mal ein solches Kennenlernen. Da die Kinder an ihrer Schule parallel zum Unterricht in ihrer Willkommensklasse auch die Regelklasse bereits von Anfang an besuchen, lernen sie auch andere Lehrerinnen und Lehrer kennen. Schnell begreifen die meisten, dass man Erwachsene mit »Herr«, »Frau« und Nachnamen anspricht.

Eines Tages kommen sie also in Caros Unterricht und begrüßen sie gewohnt fröhlich mit einer für sie neuen Anrede:

»Hallo, Frau Carolin.« Für die Kinder in ihrem ersten Jahr an der Schule wird Caro zu »Frau Carolin« und ist es bis heute geblieben. Für die Kinder ist es eine winzige Erleichterung zu Beginn. Für Caro ist es inzwischen Teil ihrer Identität. Niemand spricht sie mit ihrem Nachnamen an, für alle ist sie Frau Carolin. Während auf dem Pausenhof teils ein rauer Wind weht und auch die ganz frisch angekommenen Kinder schon in den ersten Tagen oft Ablehnung und Vorurteilen ausgesetzt sind, herrscht bei Caro im Unterricht ein anderes Klima. In den Regelklassen wird sehr darauf geachtet, dass Deutsch gesprochen wird. Für Kinder, die vorgestern aus einem Kriegs- oder Krisengebiet geflohen sind oder deren bulgarische oder türkische Eltern einen neuen Job in Deutschland gefunden haben und deshalb hergezogen sind, also für Kinder, die mit einer völlig neuen Lebenssituation konfrontiert sind, bedeutet der Zwang, Deutsch zu sprechen, eine absolute Überforderung.

2020 kommt eine neue Schülerin aus Syrien an Caros Schule. Nana.[18] Sie war zwei Jahre auf der Flucht, hat lange Zeit im syrisch-türkischen Grenzgebiet in einem Camp für Geflüchtete verbracht und sich dort mit Hilfe von YouTube-Videos Deutsch beigebracht, weil ihre Familie unbedingt hierherwollte. 2020 hatten sie es endlich geschafft. Nana ist ein sehr intelligentes Kind, lernt schnell, langweilt sich im Unterricht, kommt flott rein und macht riesige Fortschritte. Inzwischen ist sie in fast allen Fächern Klassenbeste. Zwei Jahre später, nach dem Überfall Russlands auf die Ukraine, kommt ein Mädchen aus der Ukraine, Anna[19], in Nanas Klasse. Nach der ersten Stunde kommt Nana zu Frau Carolin und erklärt: »Ich werde Anna helfen, ich weiß genau, wie schwierig es ist, hier neu anzukommen.« Die beiden sind seither unzertrennlich und bis heute beste Freundinnen. Da sie keine andere gemeinsame Sprache haben als die deutsche, lernen sie, motiviert durch ihre Freundschaft und ermutigt von Frau Carolin, schneller als die meisten anderen Kinder diese neue, fremde und komplizierte Sprache. Caro hat keine Berührungsängste und ihr offener Umgang mit dieser Vielfalt, gekoppelt mit digitaler Kompetenz, zeigt, was alles möglich ist. Die gute Pädagogin weiß auch um den Nutzen von Peer-to-Peer-Ansätzen. So wird Nana zur Hilfslehrerin befördert. Diese neue Rolle schafft Vertrauen, Verantwortungsgefühl und fördert die Identifikation mit der Schule. Anna hingegen erfährt gleich zu Beginn Liebe, ist willkommen und wird akzeptiert.

Im März, an einem Donnerstag, kommt Caro, kurz bevor ihre erste Stunde beginnt, mit dem Fahrrad in die Schule. Sie ist spät dran und will gerade vom Schulhof Richtung Klassenzimmer eilen, als ihr plötzlich ein Schüler, Andrej[20], ein aus der Ukraine nach Deutschland geflohener Sechstklässler mit einer großen Tüte in der Hand, den Weg versperrt. »Andrej, was machst du denn hier, musst du nicht in der Klasse sein?« Daraus, wie Andrej herumdruckst und etwas verlegen wirkt, schließt Caro, dass er sich wohl davongeschlichen hat. Aber warum? Wortlos drückt Andrej Frau Carolin die Tüte in die Hand. Wahrscheinlich hat er oben im zweiten Stock aus dem Fenster geschaut und gewartet, wann sie auf dem Rad, wie jeden Tag, in die Schule kommt. Er hat sie abgepasst, um ihr die Tüte zu überreichen. Frau Carolin wirft einen Blick hinein, darin Unmengen Schokolade und Pralinen mit Schleifchen verziert, dazu Tee. »Oh, wie schön, ein Geschenk! Aber wofür denn?« Andrej schaut sie an und antwortet kurz und bündig: »Alles Gute zum Frauentag!« Es war der 7. März, der nächste Tag, Weltfrauentag, ist in Berlin ein Feiertag. Die Tüte kommt von Andrej, seine Eltern haben ihm Geld für das Geschenk gegeben, weil alle Frau Carolin ins Herz geschlossen haben.

Die Dankbarkeit der Kinder und ihrer Eltern ist das eine. Das andere ist die Leistung, traumatisierte Kinder, die Familienangehörige und Freunde verloren haben, tatsächlich willkommen zu heißen, ihnen Geduld und Aufmerksamkeit zu schenken und vertrauensvolle Beziehungen aufzubauen.

Es gibt unzählige solcher Geschichten, die als Beweis dafür dienen, dass sich der schwierigere Weg lohnt. Dass Haltung sich auszahlt. Weil wir im Kontext Bildung zu oft nur problematisierend und ausgrenzend auf Flucht und Migration schauen, gehören solche Geschichten erzählt.

Erinnerungen

Nasreddin Hodscha wurde einmal gefragt, warum er beim Reiten auf seinem Esel immer falsch herum sitzt.

»Nun, wenn ich vorwärts reite, sehe ich nicht, wohin ich unterwegs bin. Aber wenn ich rückwärts reite, sehe ich genau, woher ich komme!«

Es gibt Dinge im Leben, Vorfälle, Begegnungen, schöne wie traumatische, von denen wir glauben: Die vergessen wir nie wieder. Erinnern – da sind sich viele vermutlich einig – ist meist etwas Schönes. Wenn man Menschen nach ihrer frühesten Erinnerung fragt, fallen die Antworten fast durchgehend positiv aus. Die warme Stube zu Hause, die helle Stimme der Schwester, der erste Tag am Meer. Was immer es ist, woran wir uns erinnern, häufig blicken wir verklärt-nostalgisch darauf zurück.

Erinnern ist nie neutral oder objektiv. Vielmehr erinnern wir uns an Versionen des Geschehenen. Der Psychologe und Nobelpreisträger Daniel Kahnemann spricht in diesem Zusammenhang von der konkurrierenden Beziehung zwischen Erinnern und Erleben.[21] Es sind nicht dieselben Vorgänge. Erinnerung hat etwas mit Selbst und Selbstbild zu tun. Unsere Erinnerungen entsprechen nicht dem, was wir erleben, sondern wir erinnern nur Bruchteile. Darüber hinaus teilen wir sie in gute und schlechte Erinnerungen ein. Unser Erinnern ist eine Fähigkeit. Und wie jede Fähigkeit kann sie bei uns Menschen unterschiedlich gut angelegt sein und gepflegt werden, kann uns abhandenkommen.

Wie heftig das Wegfallen von Erinnerung ist, wie schmerzhaft es sein kann, wenn die eigene Erinnerung verloren geht – und zwar für immer –, habe ich mit der Erkrankung meines Vaters intensiv erlebt:

Die Diagnose war ein Einschnitt. Eine schreckliche Erinnerung. Mein Vater war an Demenz erkrankt. Die Wochen vor der Diagnose hatte er nervös gewirkt, sich aufgeregt, weil er sich an Dinge nicht erinnern konnte, er sprach von Suizidgedanken. Nun Schwarz auf Weiß, der Befund der Ärzte. Meine Mutter, eine starke Frau mit viel Humor und noch mehr Kraft, litt sichtlich darunter. Wir Geschwister natürlich auch. Wir holten uns Hilfe. Freundinnen und Freunde berieten uns, sprachen uns Mut zu, teilten ihre Geschichten. Es half nur bedingt, die Realität holte uns ein. Kein Jahr verging zwischen der Diagnose und den ersten beklemmenden Ereignissen: Mein Vater erkannte mich nicht mehr als seinen Sohn. Darauf hatte ich mich nicht einstellen können. Was auch immer ich dazu las, es half nicht, sich auf diese Momente vorzubereiten. Meine Mutter war mit der gesamten Situation körperlich wie emotional überfordert. Immerhin sind die beiden seit fünfzig Jahren miteinander verheiratet. Wir begannen mit einer Tagespflege, auf die er widerwillig reagierte. Wir konnten ihn nur mit einer Erklärung überreden: »Das ist deine neue Arbeit.« Bei meinem Vater kamen Dinge wie Kreuzworträtsel oder Sudoku nicht in Frage, hat er nie gemacht, also bestand seine »Arbeit« jetzt darin, vorgedruckte Ausmalbilder auszumalen. Mal war es ein Kaninchen, mal ein Clown mit vielen Luftballons in der Hand, manchmal Motive aus der Kinderserie Paw Patrol. Das war nun der neue Job von Sebastian, dem Gastarbeiter. Dem Mann, der für die Arbeit gelebt hat.

Seine Situation verschlechterte sich schnell. Zeit war relativ, stellten wir schmerzlich fest. Immer deutlicher entfernte sich unser Vater von uns. Wir wurden ihm zusehends fremder. Immer häufiger verstand er nicht, warum ich da war, wer ich überhaupt war. Wir benötigten einen Platz im Heim. Eine der schwierigsten Entscheidungen in unserem Leben. In unserer Kultur gibt es das nicht. Die Älteren ins Heim zu stecken. Emotionen wie nach einer erlittenen Niederlage, Trauer, der Gesichtsverlust quälten uns. Wer sind wir, was ist unsere Kultur? Diese Fragen trieben mich in diesen Tagen noch intensiver um als sonst.

Besuche ich unseren Vater heute mit Freunden, strahlt er, erkundigt sich freundlich und interessiert, freut sich über die Gesellschaft. Für ihn sind wir irgendwie alte Bekannte. Menschen, zu denen er freundlich ist. In lichten Momenten erscheint ein Lächeln auf seinem Gesicht. »Setz dich, nimm was zu essen, bediene dich, nimm Tee.« Er ist immer noch der freundliche, warmherzige Mann, den wir kennen und lieben.

Erinnerung, das wird mir im Umgang mit der Erkrankung meines Vaters besonders deutlich, ist ein unschätzbarer Wert. Sie zu verlieren, lässt einen verzweifeln, panisch werden, im besten Fall leidet bloß das Umfeld, und die erkrankte Person bekommt es gar nicht so richtig mit. Im besten Fall. Erinnern hält uns zusammen und macht uns zu den Menschen, die wir sind: Es macht uns aus. Was wir unerwähnt lassen, ausklammern oder nicht benennen, macht uns dabei genauso aus wie das, an das wir aktiv erinnern und das wir aussprechen.

Deutschland hat sich in den letzten fünfundsiebzig Jahren einer gewaltigen Herausforderung gestellt: Erinnern als nationale Aufgabe, als das zentrale, identitätsstiftende Element der deutschen Nachkriegsgeschichte zu etablieren. Weil Erinnern zwangsläufig Individualisierung voraussetzt, besteht das kollektive Erinnern aus einer fortwährenden Auseinandersetzung, aus einem notwendigen Streit. Wenn Kinder und Jugendliche als Ergebnis dieser Auseinandersetzung den Holocaust, Auschwitz und die Verbrechen der Nationalsozialisten nicht mehr im Gedächtnis tragen, dann muss das Selbstbild der »Erinnerungsweltmeister«[22] falsch sein.

Und dass etwas in Schieflage geraten ist, attestieren auch Zahlen des Instituts für Demoskopie Allensbach, das 2018 – zugegeben etwas holprig – fragte:

»Kürzlich sagte jemand: ›Heute, über 70 Jahre nach Kriegsende, sollten wir nicht mehr so viel über die Nazi-Vergangenheit reden, sondern endlich einen Schlussstrich ziehen.‹ Würden Sie sagen, der hat recht oder nicht recht?«

45 % der Befragten stimmten dieser Aussage zu.[23]

Mein bitteres Fazit als jemand, der seit Jahrzehnten gegen Antisemitismus kämpft: Erinnerungskultur verfängt bei einem großen Teil der Gesellschaft nicht mehr. Umso wichtiger und drängender ist es meines Erachtens, ihr auf neuem Wege Leben einzuhauchen, Erinnerungskultur wieder so zu gestalten, dass sie Interesse weckt und bei allem Schmerz, der damit verbunden ist, auch spannend sein kann.

Mit dem Erinnern steht und fällt, wie wir die Zukunft gestalten, denn »diejenigen, die sich nicht an die Vergangenheit erinnern können, sind dazu verdammt, sie zu wiederholen«.[24]

Dieser Satz des Philosophen George Santayana fällt in diesem Kontext häufig, meist folgt darauf ein plumper politischer Appell. Dennoch hat er seine Berechtigung. Denn wir sehen ja in den letzten Jahren recht deutlich, wohin Geschichtsvergessenheit, wohin aktive Geschichtsverdrängung führen kann. In Deutschland, in den USA, in Russland.

Erinnern heute

Die Kreuzberger Initiative gegen Antisemitismus, deren Vorstandsvorsitzender ich seit 2015 bin, gründete sich vor über zwanzig Jahren. Ihre Gründung war unter anderem eine Reaktion auf einen Al-Qaeda-Anschlag auf die Neve-Shalom-Synagoge in Istanbul. 24 Menschen starben 240 wurden verletzt. Zur damaligen Zeit waren Antisemitismus, Verschwörungserzählungen und israelbezogene Hassrede in den Straßen Kreuzbergs und Berlins allgegenwärtig, als Schmierereien an den Hauswänden, als Teil unzähliger Gespräche. Die Gründerinnen und Gründer der KIgA waren sich damals einig: »Hier muss etwas getan werden.« In einem ersten Schritt organisierten sie eine Demonstration auf dem Heinrichplatz, um ihre Solidarität mit Juden in Istanbul, in Deutschland und weltweit zu zeigen. Antisemitismus aus der Community heraus auf diese Weise klar zu benennen und zu verurteilen, war damals eine Besonderheit. Da Demonstrationen allein kaum langfristige Wirkung entfalten würden, gründete man einen Verein. So konnten Fördermittel eingeworben und Angebote gezielt für Schulen, Bildungseinrichtungen oder z. B. Nachbarschaftszentren konzipiert werden, um aktiv Arbeit gegen Antisemitismus zu leisten. In den ersten Jahren gehörten vor allem muslimische Jugendliche zur Zielgruppe der pädagogischen Arbeit des Vereins.

Antisemitismus mit erhobenem Zeigefinger zu bekämpfen geht in den seltensten Fällen auf. Das begriff die KIgA schnell. Auch dass stets Abwehrreaktionen erfolgten, wenn Menschen die muslimischen Anteile ihrer Identität als Problem vorgesetzt bekamen. Als ich die KIgA in der Anfangszeit kennenlernte, war ich aus dem gleichen Grund zunächst skeptisch. Doch dass sie schon früh den Slogan »Politische

Bildung für die Migrationsgesellschaft« beanspruchte, machte mich letztlich neugierig. Migrationsgesellschaft, so viel sei hier gesagt, meint alle Menschen, die in Deutschland leben: Die neu angekommenen, die »Herkunftsdeutschen«; Menschen mit doppelter und ohne Staatsbürgerschaft. Kurz gesagt: Alle!

Die deutsche Gesellschaft ist eine Migrationsgesellschaft. Sie ist geprägt, verändert, durchdrungen von Migration. Menschen kommen, Menschen gehen, Menschen bleiben, Menschen verändern ihr Umfeld, ihr Umfeld verändert Menschen. Eine Dynamik, ein Austausch, fortwährende Veränderung. Und eine herrlich befreiende Perspektive, die man dem »Leitkultur«-Wahnsinn der letzten dreißig Jahre entgegensetzen kann. Wenn Deutschland sich unbedingt auf etwas Identitätsstiftendes einigen möchte, dann muss es das Eingeständnis und die Akzeptanz der Tatsache sein, dass wir eine Einwanderungsgesellschaft sind.

Die Migrationsgesellschaft betrifft und beschreibt uns alle, sie inkludiert alle Perspektiven. Die der autochthonen Deutschen, deren Vorfahren vor hunderten von Jahren irgendwoher geflüchtet sind, genauso wie die der Nachkommen der Gastarbeitergenerationen. Und auch die in den letzten zehn Jahren angekommenen Menschen aus Syrien, dem Iran, Irak, aus Afghanistan und zuletzt der Ukraine. Sie sind Teil dieser Gesellschaft, die man Migrationsgesellschaft nennen muss, will man kein Lügner sein. Denn die Wahrheit über unsere Gesellschaft ist, dass Migration dazugehört und immer schon stattfand. Das kann man zwar bedauern, dadurch verändert sich jedoch an der Existenz und Beschaffenheit der Migrationsgesellschaft herzlich wenig.

»Antisemitismus«, das hören und lesen wir immer wieder, »das ist ein Problem der anderen.« Das gilt übrigens nicht nur für Antisemitismus, sondern auch für Begriffe wie Toleranz. »Intolerant, das sind die anderen.« Die Reihe ließe sich endlos fortsetzen. Im Kontext der Erinnerungskultur ist dieses Abwälzen der Probleme, die Schuldzuweisung in Richtung der »anderen« (womit in der Regel migrantisch gelesene Menschen gemeint sind) Standard geworden, mit den dazugehörigen Versatzstücken im deutschen Diskurs- und Politikbetrieb. Übergriffe auf der Kölner Domplatte führen so zum Beispiel automatisch zu lauten Forderungen nach Abschiebung und geschlossenen Grenzen. Dass es den Menschen nicht um den Schutz der Frauen geht, erfährt man, wenn man dieselben Personen befragt, wie Frauen wohl besser vor Übergriffen auf Volksfesten wie der Münchner Wiesn geschützt werden könnten.

Neben dem Abwälzen des Problems ist die Täter-Opfer-Umkehr ein klassisches Instrument der Schuldabwehr. »Warum haben die sich denn nicht gewehrt?« hört man zum Beispiel häufig im Zusammenhang mit dem Holocaust. Dazu kommen zahlreiche Relativierungen und Verharmlosungen: »Was die Israelis im Westjordanland mit den Palästinensern machen, ist schlimmer als das, was die Nazis mit den Juden getan haben«. Diese Aussagen sind unhaltbar. Trotzdem muss man sich genauer ansehen, woher sie kommen und was beabsichtigt wird. Und wie bereits gesagt: Warum auch immer diese fehlgeleiteten Botschaften gesendet werden, nichts kann sie rechtfertigen. Doch es ist ein Unterschied, ob Mahmud Abbas in einer Pressekonferenz im Beisein von Olaf Scholz solche Sätze spricht oder ein vierzehnjähriger Schüler in der Klasse. Anders als Abbas weiß der Schüler vielleicht nicht, was die Nazis den Juden angetan haben. Den Schüler können und müssen wir noch erreichen. Bei Abbas wird es schwieriger.

Antisemitismus zu bekämpfen ist nach dem 7. Oktober zu einem schwierigen Drahtseilakt geworden. Man steht einander scheinbar unversöhnlich gegenüber. Wer Solidarität mit Israel zeigt, wird öffentlich angeprangert und von Aktivistinnen und Aktivisten ins Abseits gedrängt. Gleichzeitig wird, wer mit der Kufiya, dem sogenannten »Pali-Tuch«, gesehen wird, direkt des Terrors verdächtig. Wie wollen wir also noch Gespräche führen und ein Miteinander fördern, wo doch jede Brücke und offen gestanden häufig jeder Anstand fehlt?

Zum Jahresende 2023 rief mich ein befreundeter Journalist an, der mich zur bevorstehenden Silvesternacht befragen wollte. Im Vorjahr hatte es teils heftige Krawalle gegeben, vor allem in Neukölln sahen sich Polizeibeamte, aber auch Feuerwehrleute und Notärztinnen auf Einsätzen massiven Ausschreitungen und Gewalt gegenüber.

Der Journalist kennt mich als jemanden, der in Berlin gut vernetzt ist, mit den Communitys in Kontakt steht und Gespräche führt mit vielen unterschiedlichen Menschen, die selten mit Journalisten sprechen. Er wollte von mir wissen: »Bleibt es dieses Jahr ruhig?« Auf meine Nachfrage präzisierte er weiter: »Angesichts der aufgeheizten Stimmung, der antiisraelischen Haltung und der Proteste von Menschen aus dem arabischen Raum, glaubst du, es wird an Silvester in Neukölln und im Rest Berlins zu Ausschreitungen kommen?«

Aus dem Stand konnte ich die Frage nicht beantworten, wollte aber helfen, also rief ich einen palästinensischen Freund aus Neukölln an. Ich gab die Frage direkt weiter: »Wie schätzt du das ein, wird es an Silvester ruhig bleiben?« Er schwieg eine Weile. Dann seine Antwort: »Derviş, wir trauern im Moment.« Er fuhr fort: »Jeder von uns hat Familienmitglieder verloren oder bangt um Angehörige.« Seine Antwort beschämte mich. Ohne es zu merken, hatte ich Vorurteile einfach reproduziert und auf meinen Freund übertragen. Die furchtbaren Bilder, das Leid der palästinensischen Bevölkerung ging mir durch den Kopf. Die Bilder toter Menschen, Kinder, Frauen, Jugendliche. Palästinenserinnen und Palästinenser, wie mein Freund, sehen sie täglich, haben Angst, Angehörige dabei zu entdecken, sie haben Angst und sie trauern. Lust auf Krawall? Was für eine beschämende und unempathische Frage, die ich gerne zurücknehmen würde.

Wer Terror verherrlicht, feiert oder auch nur gutheißt, muss Widerspruch erfahren, und wenn Verstöße vorliegen, müssen diese auch strafrechtlich verfolgt werden. Die Hamas hat Schreckliches, Unvorstellbares getan. Sie haben das schlimmste Massaker an Juden seit dem Holocaust verrichtet, gleichzeitig den schlimmsten Verrat an der eigenen Zivilbevölkerung. Wir müssen diese grausamen Taten verurteilen. Wir müssen das Leid der israelischen Ermordeten und der israelischen Geiseln und deren Angehörigen sehen. Die Anteilnahme war hier oft zu gering oder auch zu schnell versehen mit politischen Forderungen.

Gleichzeitig ist das Leid der palästinensischen Zivilbevölkerung ein nicht zu verleugnender Teil des Konfliktes. Auf Twitter las ich zahlreiche Posts, die Israels Reaktionen auf den Terror der Hamas kritisierten. Die Antwort vieler auf diese Art von Kritik lautete sinngemäß: »Die Hamas ist daran schuld!« Danach wurde weder gefragt, noch zeugt das von Empathie oder Größe. Genauso wenig wie das »Selber schuld, diese Zionisten« der Gegenseite. Die Frage nach der Schuld ist sicherlich eine bedeutende Frage. Sie zu klären, wird für das Erinnern an diese furchtbaren Ereignisse zentral sein. Es muss allerdings – und das gilt für alle – auch Zeit für Trauer sein. Leid muss benannt und Leid muss anerkannt werden. Selektiver Humanismus ist kein Humanismus. Wer beim Humanismus auswählt, dem sind die Menschen nichts wert, der ist kein Humanist.

Gerade wenn die Ereignisse so frisch sind, die Wunden offen, der Konflikt noch tobt, ist das Erinnern eine besondere Herausforderung. Erinnern ist schwierig, vielleicht sogar unmöglich, wenn das, was erinnert werden soll, nicht in der Vergangenheit liegt, sondern unsere Gegenwart bestimmt. Wie soll Erinnerung auch funktionieren, wenn sich die Ereignisse täglich überschlagen, ständig neue Grausamkeiten ans Licht kommen und mehr und mehr Menschen mit dem Leben bezahlen müssen? Dies sind nicht nur rhetorische Fragen, mit denen ich Denkanstöße geben möchte. Sie bezeichnen exakt die Herausforderungen, denen sich zum Beispiel Lehrkräfte nach dem 7. Oktober zu Tausenden gegenübersahen.

Lehrkräfte stehen, so unser Befund während zahlreicher Fortbildungen und Workshops seit dem 7. Oktober, unter einem immensen Druck. Er ergibt sich nicht allein daraus, den eigenen Ansprüchen gerecht werden zu wollen, sondern aus einem Dilemma. Nämlich zwischen unmöglicher Neutralität auf der einen Seite und dem Anspruch, Wissen auf kritisch-kontroverse Weise zu vermitteln auf der anderen Seite. Lehrerinnen und Lehrer möchten sich auf keine Seite schlagen, wollen den Kindern und Jugendlichen gerecht werden, sind aber mit der Komplexität des Nahost-Konflikts überfordert. Ihnen sagen wir, dass es nach dem 7. Oktober nicht nur um Wahrheit gehen muss. Nicht nur um Tatsachen. Schülerinnen und Schüler mit Kufiya sind nicht zwingend geschlossen antisemitisch. Jugendliche mit palästinensischen Wurzeln sind keine Gegner im Unterricht.

Wenn wir uns als Migrationsgesellschaft sehen und diesen Begriff ernst nehmen und mit Leben füllen wollen, dann gehören alle Perspektiven dazu. Allein in Berlin leben über 40 000 Menschen mit palästinensischer Migrationsgeschichte. Und: In Berlin leben Schätzungen nach über 15 000 Israelis und noch mehr Jüdinnen und Juden, ob gläubig oder säkular. Das bedeutet, dass an den meisten Berliner Schulen Menschen unterrichtet werden, die von dem Konflikt unmittelbar betroffen sind. Ihre Perspektiven bringen sie in unsere Gesellschaft ein. Ob wir das wollen, gut finden oder gerne schlecht reden würden: Es findet statt und wir müssen das zumindest erst einmal als Tatsache hinnehmen. Für den Kontext Schule bedeutet das: Wer sprechen will, soll sprechen dürfen. Und da Kinder und Jugendliche häufig aus emotionalen Lagen heraus provokanter auftreten und Grenzen austesten, müssen Lehrkräfte sich darauf vorbereiten. Aber nicht in Schlagfertigkeitstrainings, sondern wenn, dann in Empathie-Trainings. Damit sie lernen, Emotionen zuzulassen, und Schülerinnen und Schülern die Möglichkeit geben, über ihre Trauer, ihre Angst, ihre Wut und ihre Sorgen zu sprechen. Das braucht Zeit und Einfühlungsvermögen. Nur wenn wir ihnen zuhören, können wir Jugendliche und Kinder gewinnen. Verständnis für die eigene Situation, die eigenen Gefühle und Bedürfnisse gezeigt zu bekommen, weitet den Horizont und ermöglicht es, andere Perspektiven anzuerkennen. Das bedeutet nicht, dass Hass oder Antisemitismus legitimiert wird. Vielmehr ist das der Versuch, sich schwierigen Themen anzunähern und bestenfalls antisemitische und andere problematische Einstellungen zu bekämpfen, ehe sie sich verfestigen können.

Antisemitismus im Koffer

2016 rief die KIgA ein Projekt ins Leben, das sich politischer Bildung für Jugendliche und junge Erwachsene mit Fluchtgeschichte widmen wollte.

»Gute Sache!«, haben uns in dieser Zeit einige bestätigt, »die bringen ja ganz viel Problematisches mit wie Antisemitismus, aber auch ein völlig veraltetes Frauenbild, ganz zu schweigen von der Homo- und Transfeindlichkeit.«

Aussagen wie »Antisemitismus wird mit der Muttermilch aufgesogen« oder »Antisemitismus haben die ja schon im Gepäck!« hörten wir oft. Wer einmal Geflüchtete kennenlernen durfte, weiß von ihren dramatischen, sehr häufig auch traumatischen Erlebnissen auf der Flucht. Gepäck bringen diese Menschen in der Regel keines mit. In aller Regel sitzt niemand in Damaskus und überlegt sich, welche Koffer alle mitmüssen und aus dem Wohnzimmer ruft dann jemand: »Hey, vergiss den voll Antisemitismus nicht!«

Die Realitäten sind andere. Härter und unerbittlicher, als wir uns das im befriedeten und reichen Europa vorstellen können. Flucht, das tatsächliche Fliehen vor Gewalt, Krieg oder Katastrophen, verläuft in der Regel chaotisch und ist mit viel Leid und Schmerz versehen.

Das soll dennoch nicht heißen, dass in vielen Herkunftsländern geflüchteter Menschen Antisemitismus kein großes Problem ist, teilweise sogar von staatlicher Seite gefördert. Trotzdem ist die Vermengung beider Sachverhalte falsch und muss kritisiert und problematisiert werden.

Noch bevor wir damals unsere Arbeit aufnahmen, waren also schon die Vorurteile da. Sehen sich die Deutschen beim Erinnern gern als Weltmeister, stehen sie bei der Schuldabwehr aber mindestens auch auf dem Treppchen. Reflexartig wird die Schuld auf »andere« abgewälzt. Eine 40%-ige Zustimmungsrate zu israelbezogenen antisemitischen Thesen in der deutschen Gesellschaft? Geschenkt und vergessen. Wir haben ja das Mahnmal für die ermordeten Jüdinnen und Juden in Deutschland mitten in Berlin. Holocaustleugnung durch angehende AfD-Abgeordnete im Bundestag? »Aber in syrischen Schulbüchern wird der Holocaust auch geleugnet.« Schnell wurden in dieser Zeit Forderungen laut. Forderungen nach verpflichtenden Gedenkstättenbesuchen, Forderungen nach dem Bekenntnis zur deutschen Verfassung, Forderungen über Forderungen. Das Erinnern an die eigene Geschichte wird – wie häufig – den scheinbar Fremden, denen, die neu ankommen, aufgebürdet. Dass das nicht aufgeht, ist nur logisch.

Ich erinnere mich an eine spannende Studienfahrt mit geflüchteten Jugendlichen und jungen Erwachsenen zur Gedenkstätte Sachsenhausen. Im Gespräch vor Ort kamen die Teilnehmenden auch auf die aktuelle Situation in Syrien zu sprechen. Aus der Gruppe kam eine Aussage, der einige zugestimmt haben:

»Das, was die Nazis in den KZs gemacht haben, erinnert mich sehr daran, was Assad in den Gefängnissen in Syrien mit den Gefangenen macht.«

Historikerinnen und Bildungsexperten werden beim Lesen eines solchen Satzes sicher zusammenzucken. Und in manchen Kreisen wäre der Aufschrei sicherlich laut gewesen:

»Ein unzulässiger Vergleich!«; »Holocaustrelativierung!«; »So was darf man nicht sagen, das gefährdet den Blick auf den Holocaust als singuläres Ereignis.«

Alles Standardantworten, die immer wieder fallen.

Bringt uns diese Haltung in solchen Momenten weiter? Nein. Denn was passiert, wenn ich einer Person, die andere Erfahrungen, unterschiedliches Wissen hat, dies alles sofort empört abspreche und sie delegitimiere? Ich erkläre damit mein absolutes Desinteresse für das, was für Geflüchtete naheliegt – im Falle von Syrien also Assad, Krieg, Familie, Leid. Ich spreche ihnen den Schmerz in der eigenen Biografie ab. Und damit verbaue ich mir eine Chance auf das eigentlich Wichtige: einen Zugang und eine Verbindung zu deutscher Geschichte, deutschen Verbrechen und deutscher Schuld zu schaffen. Und so werden die, die aufstehen und nur »Skandal« rufen, nichts und niemandem gerecht. Sie sind höchstens noch selbstgerecht.

Unsere Reaktion fiel anders aus. Unaufgeregter. Ich gehe sogar so weit, zu sagen: angemessener. Denn wenn wir mit Jugendlichen arbeiten, die sich so gut wie noch nie in ihrem Leben mit dem Holocaust auseinandergesetzt haben, und wir so weit mit ihnen kommen, dass sie sich öffnen, über ihre Geschichten sprechen, bereit sind, mit uns zu teilen, an was sie sich erinnern und was der Gedenkstättenbesuch in ihnen auslöst, dann ist das ein Erfolg. Im Bildungskontext betone ich fast überall, wo ich gefragt werde – oft auch ungefragt –, die Bedeutsamkeit solcher Momente: Es sind »teachable moments«, es sind Chancen, die uns Pädagogen auf einem Silbertablett serviert werden. Denn normalerweise muss ich für »teachable moments« selber sorgen. Doch die, die von allein entstehen, sind in aller Regel wirkungsvoller als diejenigen, die ich mit einem Lernziel im Hinterkopf pädagogisch konstruiere. Authentisch im Moment sein, ernst bleiben und interessiert nachfragen, das ist der Königsweg. Im Anschluss, wenn alle auf demselben Stand sind und jeder im Raum fertig gesprochen hat, kann ich als Pädagoge immer noch sortieren, einordnen, richtigstellen und für Verständnis sorgen. Andersherum wird kein Schuh draus.

Vielleicht fragt ja am Ende jemand: »Was unterscheidet denn dann die Nazis von Assad, was genau haben sie denn gemacht?«

Dann ist die Neugierde geweckt, dann ist Platz und Raum da, um ihn mit Wissen füllen können. Dann können wir die hinkenden Vergleiche mittels weiterführender Informationen auflösen. Wer danach immer noch falsche Vergleiche zieht, um zu relativieren: Da bin dann auch ich irgendwann mit meinem Latein am Ende. Aber bis dahin werde ich nichts unversucht lassen. Und das kleine Latinum reicht meistens ziemlich weit.

Turkish Passport

Viele Jahre lang war ich stark involviert in religiöse Dialogformate. Vor allem im Kontext jüdisch-muslimischer Dialoge. Durch diese Arbeit, die für mich eher sinnstiftende Leidenschaft als Arbeit war, habe ich gute und belastbare Netzwerke aufgebaut. Niemand rettet die Welt allein, es braucht auf allen und von allen Seiten Partner und Verbündete. Allein hat man begrenzte Möglichkeiten, aber mit starken und vertrauensvollen Partnerschaften kann man scheinbar Unmögliches bewegen. Und gemeinsam lässt es sich übrigens auch leichter verlieren. In jener Zeit war ich unter anderem Co-Koordinator des Turkish-Jewish-Roundtable beim American Jewish Committee, AJC Berlin. Gleichzeitig saß ich im Aufsichtsrat der Türkischen Gemeinde zu Berlin und hatte schwerpunktmäßig den jüdisch-muslimischen Dialog zum Ziel.

Während des Fastenmonats Ramadan kam ich damals auf die Idee, den israelischen Botschafter zu einem gemeinsamen

Fastenbrechen, einem Iftar, einzuladen. Nichts Weltbewegendes, aber eine Geste, die mir wichtig war und von der ich mir erhoffte, dass sie zu einem Austausch zwischen muslimischen und jüdischen Berlinerinnen und Berlinern führen würde.

Kurz darauf kam die Absage aus der israelischen Botschaft. Als einer, der mit Ablehnung qua Beruf und Berufung immer Probleme hatte, war ich entsprechend enttäuscht. Immerhin hatte ich mir viel Mühe gegeben und wollte unbedingt, dass dieser Termin mit dem Botschafter stattfindet. Beim Lesen der Absage konnte ich mir ein breites Grinsen jedoch nicht verkneifen: Sie war in perfektem Türkisch verfasst. Dabei war meine Einladung an den Botschafter in Deutsch rausgegangen. Ich hielt also die Absage in der Hand und war ein bisschen schockverliebt. Fühlte mich gesehen, ernst- und wahrgenommen.

Beeindruckt von der herzlichen Geste, nahm ich nochmal Kontakt auf. Ich rief einfach in der Botschaft an. Der Leiter für Presse- und Öffentlichkeitsarbeit war am Telefon. Wir verstanden uns gut, tauschten uns aus und ich lud ihn am Ende des Telefonats nach Kreuzberg ein. Wir verbrachten einen schönen Abend in einem türkischen Restaurant, in dem die gute Zeit dank guten Essens fast immer vorprogrammiert ist. Wir tauschten uns über Dialogformate aus und verstanden uns zusehends besser. Sein Bericht von seiner vorherigen Station im israelischen Konsulat in Istanbul und vor allem die Art und Weise, wie er von dieser Stadt schwärmte, nahmen mich weiter für ihn ein.

Natürlich kamen wir auch auf das Fastenbrechen zu sprechen.

»Schade, dass das nicht geklappt hat, nächstes Mal und mit ein wenig mehr Vorlauf setze ich mich gerne dafür ein, dass der Botschafter kommt.«

Ich witterte meine Chance.

»Wie wäre es denn, wenn der Botschafter das nächste Mal nicht zu uns zum Fastenbrechen kommt, sondern selbst einlädt?«, antwortete ich. Immerhin leben in Israel ja auch viele Muslime, dachte ich, darauf hoffend, dass er anbeißt. Gute Chancen rechnete ich mir zwar nicht aus, aber zumindest wollte ich es versuchen. Und tatsächlich, im Jahr darauf fand ein erstes Fastenbrechen in der israelischen Botschaft in Berlin statt. Auch in den darauffolgenden Jahren lud die Botschaft mich und andere in Berlin lebende Muslime zum Iftar.

Die Beziehung zwischen Israel und der Türkei geriet in den Jahren darauf leider in schwieriges Fahrwasser. Diplomatischen Skandalen folgten echte Konflikte. 2010 enterte die israelische Marine türkische Schiffe mit Hilfslieferungen auf dem Weg nach Gaza. Neun Aktivisten, türkische Staatsbürger, kamen bei der Aktion, die einen internationalen Skandal nach sich zog, ums Leben.

2011, auf dem Höhepunkt der Eiszeit zwischen Israel und der Türkei – die Botschafter wurden beiderseits zurückgerufen –, bekam ich einen Anruf. Am Telefon mein Freund aus der israelischen Botschaft.

»Derviş, hast du zufällig von dem Film *Turkish Passport* gehört?«

Ich verneinte.

»Es geht um Folgendes: Während des Holocaust haben türkische Diplomaten Jüdinnen und Juden geholfen, aus Europa zu fliehen, indem sie ihnen türkische Pässe ausgestellt haben und sie damit in die Türkei einreisen konnten. Das wurde jetzt in dem Film dokumentarisch – auch mit Aufnahmen aus der Türkei – verfilmt. Ich habe damals in Istanbul die Filmemacher beraten und unterstützt. Der Film ist gerade rausgekommen und es gibt noch keine Premiere, keinen Ort in Deutschland, wo er gezeigt wird. Meinst du, du kannst hierbei helfen?«

Ohne zu zögern, sagte ich zu. Zufällig besuchte wenige Tage später Ibrahim Kalin, damals Chefberater des türkischen Ministerpräsidenten Erdogan, heute sein Geheimdienstchef, Berlin im Rahmen der Feierlichkeiten zum fünfzigjährigen Jubiläum des deutsch-türkischen Gastarbeiteranwerbeabkommens. Ich holte ihn vom Ritz Carlton ab, wollte ihn zu einer Veranstaltung im Berliner Innensenat bringen.

Erdogan hatte sich zu dieser Zeit noch nicht ganz disqualifiziert. In der Türkei herrschten damals – vor den Gezi-Protesten und dem Putschversuch – noch halbwegs demokratische Verhältnisse.

Recht unvermittelt unterbrach er unseren Small-Talk im Auto und sagte:

»Ich saß ewig im Flieger, habe heute noch gar nichts gegessen. Können wir unterwegs irgendwo halten und was essen?«

Ich steuerte mein Lieblingsrestaurant in Kreuzberg an, in dem ich auch mit meinem Freund von der israelischen Botschaft gegessen hatte.

Beim Essen stellten wir Gemeinsamkeiten fest, lernten uns besser kennen. Irgendwann fragte ich ihn:

»Haben Sie schon mal von dem Film *Turkish Passport* gehört?«

»Ja, davon habe ich schon gehört.«

Und nicht nur das, er fügte hinzu, dass der Ministerpräsident zur Türkei-Premiere des Films persönlich erscheinen wollte, ihn aber ein Erdbeben in Van kurzfristig davon abhielt. Die Antwort reichte mir: Der Film schien also koscher und halal zu sein.

In den folgenden Wochen machte ich mich auf die Suche nach einem Ort für die Premiere. Und wurde schließlich im Centrum Judaicum fündig. Der damalige Präsident der Deutsch-Israelischen Gesellschaft Reinhold Robbe legte dort ein gutes Wort für mich ein, und so gelang es, diesen Ort für die Premiere von *Turkish Passport* zu gewinnen. Und das in Zeiten höchster Anspannung zwischen der Türkei und Israel.

Nachdem die Einladungen zur Premiere in alle Richtungen, vor allem aber an israelische und türkische Diplomaten und Repräsentanten in Berlin, rausgegangen waren, stellte ich enttäuscht fest: Nicht eine einzige Zusage von türkischer Seite. Ich wollte das nicht akzeptieren, ich hatte mich dieser kleinen Mission verschrieben. Ich wollte türkische und israelische Diplomaten zum ersten Mal seit Monaten zusammenbringen.

Also rief ich meine Kontakte an. Keine Zusagen. Ich gab nicht auf. Telefonierte weiter. Und irgendwann schien ich die richtige Nummer gewählt und an der richtigen Stelle Druck gemacht zu haben. Die türkische Botschaft sagte zu, Vertreter der türkischen Gemeinde Berlin sagten zu. *Turkish Passport* – ein Film über türkische Diplomaten, die Jüdinnen und Juden im Holocaust retteten, könnte nun tatsächlich Dialog ermöglichen.

Damit gute Gespräche gewährleistet waren und Menschen zusammenkommen und sich austauschen konnten, lud ich zahlreiche Bekannte und Mitstreiterinnen und Mitstreiter aus dem Feld der Antisemitismusbekämpfung ein. Aus jüdischen und aus muslimischen Kreisen. Einführende Worte sollte der Historiker Dr. Ufuk Topkara, mit dem ich im Jüdischen Museum Berlin viele Jahre zusammengearbeitet habe, halten, um den Film auch kritisch einzuordnen.

Von der renommierten Turkologin und Historikerin Corry Guttstadt kam im Vorfeld heftige Kritik. Der Film betreibe Geschichtsklitterung und sei vor allem türkische Propaganda, so der Vorwurf. Die Perspektive, dass israelische und türkische Diplomaten anwesend sein würden und vor allem, dass wir damit zumindest auf Berliner Boden die vielleicht einmalige Chance hatten, die Eiszeit zu brechen, hatte sie am Ende überzeugt, ihre harsche Kritik etwas hintenanzustellen.

Was war uns hier im Kontext Erinnern und Erinnerungskultur gelungen? Mit dem Film allein hätten wir sicherlich keine historisch korrekten Wahrheiten vermittelt. Doch mit dem Filmabend verbanden wir Geschichte und Gegenwart. Wir erreichten sogenannte diverse Milieus. Betrieben Diplomatie. Zwar nicht ausreichend für einen Friedensnobelpreis, aber gut genug. Eine lebendige und diskursive Erinnerungskultur brachte Menschen zusammen, um gemeinsam einem Teil der Geschichte des 20. Jahrhunderts zu gedenken, und sie bekamen einen Blick auf die Erinnerung im türkischen Kontext. Sicherlich, Corry Guttstadt hatte recht, so rosarot, wie der Film es in Teilen zeigte, war es tatsächlich nicht. Als ich die Kritik an meinen israelischen Freund weitergetragen hatte, antwortete er nüchtern:

»Haben diese Menschen durch türkische Hilfe überlebt oder nicht? Darum geht es uns!«

Und die Eiszeit zwischen israelischen und türkischen Diplomaten war zumindest für einen Abend gebrochen.

Mein Glaube an Dialog hat sich durch solche Erlebnisse weiter gefestigt. In solchen Momenten verbindet sich alles, woran ich glaube: Bildung, Austausch, die unvoreingenommene Begegnung. Um langfristig als Gesellschaft zusammenzuwachsen, müssen wir an vielen Schräubchen und Rädchen drehen und dann auch noch möglichst alle mitnehmen, viel erklären, ständig einbeziehen. Seit dem 7. Oktober erscheint es fast unmöglich, Jüdinnen und Juden, Musliminnen und Muslime, Israelis und Palästinenserinnen und Palästinenser zusammenzubringen. Doch ich bin nicht dazu bereit, das aufzugeben. Denn in meiner eigenen Erinnerung finden sich zahlreiche Momente, die beweisen, dass es möglich ist. Und auch die Geschichte hat immer wieder gezeigt, dass die größten Gegner, die schlimmsten Feinde es geschafft haben, zueinanderzufinden.

Holocaust Education – ein deutsch-türkischer Austausch

Vor circa zehn Jahren führten wir ein Projekt zu Holocaust Education in der Türkei durch. Es war ein Austauschprojekt, politische Bildner aus Deutschland wollten mal schauen, was in der Türkei alles stattfindet und wie die historischen Bezüge der Türkei zur Shoah sind. Für mich als jemand, der in der Türkei noch eine Heimat hat, war das auch so schon was ganz Besonderes. Aber für alle von uns, die viel mit Kindern und Jugendlichen mit türkischen Migrationsgeschichten arbeiten, stellte das natürlich ein superspannendes Projekt dar. Wir tauschten uns als gleichberechtigte Profis aus, vernetzten uns mit erfahrenen und renommierten Historikerinnen, Leitern von Gedenkstätten, Professorinnen, Wissenschaftlern und Journalistinnen.

Ein Gegenbesuch in Deutschland war ebenfalls Teil des Projekts.

Viele spannende und nicht immer einfache Panels sind mir in Erinnerung geblieben. Die »Singularität der Shoah« wurde thematisiert. Über den Holocaust als eine Art »Defining

Reference« für andere Menschheitsverbrechen und als ein »prägendes Referenzereignis« für unser Geschichtsbewusstsein wurde gesprochen, Erinnern und Erinnerungskultur, gesellschaftliche Identitäten in Europa – es war schwere, aber immer spannende Kost von exzellenten Köchinnen und Köchen.

Wir saßen nun also in Istanbul in einer dieser intellektuell-akademischen Sessions zusammen mit unseren türkischen Partnern und es wurde präsentiert, nachgefragt und diskutiert. An der Runde nahmen Leute von Organisationen teil, die sich in der Türkei für von Rassismus, Diskriminierung und Marginalisierung betroffene Menschen einsetzen. Die meisten dort machten das, anders als wir, ohne auch nur eine Lira dafür zu bekommen. Viele von ihnen waren selbst Teil der kurdischen, der armenischen oder jüdischen Communitys in der Türkei.

In den Diskussionen eckten wir häufig an ganz bestimmten Stellen an.

»Wie Juden damals diskriminiert wurden, ist ähnlich wie das, was Armenier bis heute hier erleiden.«

»Die Kurden wissen, was die Juden damals erlebt haben, sie erleben es hier ja noch heute.«

Die deutschen Kollegen zuckten bei Aussagen dieser Art alle zusammen. Jedes Mal widerspricht mindestens einer von uns.

»Das kann nicht verglichen werden, die Singularität des Holocaust ist unbestreitbar.«

»Vergleicht man, läuft man immer Gefahr, zu relativieren.«

In jedem Fall herrschte hier deutsche Einheit: Vergleiche gehen gar nicht. Weil wir aber über Monate hinweg immer wieder Austauschrunden hatten, weil Besuchen Gegenbesuche folgten, änderte sich in der Dynamik der Gruppe im Laufe der Zeit etwas.

Auf türkischer Seite herrschte zusehends Verständnis für unsere Reaktionen. Und uns stand klar vor Augen, dass ein schnelles Urteil, ein Redeverbot, weil das eigene Prinzip gerade angegriffen wird, nie zu neuen Erkenntnissen führt. Wir wollten aber voneinander lernen, waren immer wieder bereit und offen dafür, erst einmal auszuhalten. Nachzufragen, anstatt immer direkt zu intervenieren. Vergleiche sind in der Tat unzulässig. Darauf kommt im Austausch aber nur, wer bereit ist, das zu erklären beziehungsweise, sich das erklären zu lassen. Wir hatten unseren Kollegen aus der Türkei gegenüber einen Wissensvorsprung im Bereich Shoah. Sie in ihren Themengebieten. Ganz normal.

Und in der Tat: Je mehr wir uns gemeinsam mit der Shoah auseinandergesetzt hatten, je mehr Informationen wir sammelten und zuordneten, je häufiger wir Vorannahmen zurechtrückten und vorhandenes Wissen erweiterten, desto deutlicher wurde auch denjenigen, die aus unserer Sicht unzulässige Vergleiche angestellt hatten: Die Shoah hat nochmal eine ganz andere Dimension. Und ist tatsächlich nicht vergleichbar mit dem Genozid an den Armeniern. Es gibt Gemeinsamkeiten im Detail. Im Kern derselbe, tiefe Menschenhass, der dazu führte, dass Menschen getötet, auch massenhaft und systematisch getötet wurden. Aber an vielen Stellen gibt es dennoch wesentliche Unterschiede.

Dieses Projekt verschaffte uns deutschen Teilnehmerinnen und Teilnehmern eine zentrale Erkenntnis: Wenn wir wollen, dass die Menschen in der Türkei, also sowohl die sunnitische Mehrheitsgesellschaft als auch Minderheitencommunitys, den Holocaust verstehen und daraus Lehren für ihre Arbeit ziehen können, dann müssen wir Brücken bauen und

Anknüpfungspunkte für ihre Geschichten und ihre Identitäten finden. Dann müssen wir gesellschaftliche Bezüge herstellen. Die Umwege, die wir gegangen sind, so mühsam sie auch sein mögen, sie sind hilfreich. Und gleichzeitig gilt: Wir brauchen in manchen Belangen ein dickes Fell, brauchen Widerspruchstoleranz und müssen aushalten, dass wir mit Vergleichen konfrontiert werden, die für uns erst einmal unsäglich erscheinen.

An dieser Stelle direkt zu disqualifizieren und die Gespräche zu beenden, bringt uns nicht weiter. Aber nach langjährigem Austausch, nach vielen Reisen, nach zahlreichen Besuchen von Gedenkstätten und Museen haben wir es geschafft, dass unsere Partnerorganisationen in der Türkei die Singularität der Shoa gelernt und verstanden haben. Und wir wiederum haben die Besonderheiten des Völkermords an den Armeniern, den gesellschaftlichen Stand und den Grad der Diskriminierung von Kurden in der Türkei verstanden. Jetzt können wir das Gelernte in unsere Bildungsarbeit integrieren.

Ein Gerechter unter den Völkern

Mohamed »Mod« Helmy war ein ägyptischer Arzt, der zu Zeiten der Weimarer Republik für sein Medizinstudium nach Berlin kam und zusammen mit jüdischen Ärzten im Krankenhaus Moabit arbeitete. Auch nach der Machtübernahme der Nationalsozialisten gab Helmy die Verantwortung gegenüber seinen jüdischen Patientinnen und Patienten nicht auf und behandelte sie fortan verbotenerweise zu Hause. Zudem machte sich der in Deutschland als »Nicht-Arier« diskriminierte Kairoer Humanist über die NS-Führung lustig, wurde entlassen und verhaftet. Da die deutsche Führung arabische Länder als potenzielle Verbündete im Zweiten Weltkrieg ansah, kam Helmy im Zuge diplomatischer Verhandlungen wieder frei. Statt nun nach Kairo zurückzukehren, blieb er in Berlin, um Menschen zu helfen, die von den Nazis verfolgt wurden. Er erstellte u. a. Krankschreibungen für Deutsche und sog. »Fremdarbeiter«, um Patienten vor einer Einberufung zum »Volkssturm« zu bewahren.

1942 nahm er die Jüdin Anna Boros bei sich auf und gab sie als seine Nichte aus. Die Wilmersdorfer Moschee stellte ihr 1943 ein Dokument aus, das sie als gläubige Muslima auswies. Anna Boros überlebte die Shoah, emigrierte nach New York und wurde Krankenschwester. Ihrem Retter war sie nach eigener Aussage »bis in alle Ewigkeit dankbar«. Im Jahr 2013 wurde Mohamed Helmy als bislang einziger Ägypter unter 83 Muslimen von der israelischen Holocaust-Gedenkstätte Yad Vashem als »Gerechter unter den Völkern« geehrt.

Diese Ehrung wurde Helmy postum zuteil, seine direkten Nachkommen hatte die Nachricht nicht erreicht. Yad Vashem versuchte, Nachkommen ausfindig zu machen, um sie zur feierlichen Zeremonie einzuladen und ihnen die Medaille zu überreichen. Ägypten signalisierte Ablehnung. Mit Auszeichnungen aus Israel wollte man nichts zu tun haben. Nach einem langen Aushandlungsprozess wurde man sich schließlich einig. Dr. Nasser Kotby, Mediziner wie sein Onkel Mohamed Helmy, erklärte sich bereit, die Auszeichnung anzunehmen. Die Zeremonie, zu der auch ich und viele Kolleginnen und Kollegen der KIgA geladen waren, fand in der Außenstelle des Auswärtigen Amtes in Berlin-Tegel statt. Das Auswärtige Amt hatte sich bereit erklärt, seine Räume für diesen festlichen Anlass zu öffnen. Ein diplomatischer

Coup im besten Sinne. Die Enkelin der von Mohamed Helmy geretteten Anna Boros, Carla Greenspan, war für diese bewegende Feier eigens aus den USA angereist. Unter den Gästen befand sich ebenso die Filmemacherin Taliya Finkel, die in der Folge eine bewegende Dokumentation über Mohamed Helmys Geschichte drehte.

Am Abend richteten wir ein Gala-Dinner in einem palästinensisch-libanesischen Restaurant aus. Wir wollten das Vermächtnis dieser Helden feiern. Auch einige der jungen Musliminnen und Muslime, die sich bei der KIgA und anderen Organisationen gegen Antisemitismus einsetzen, nahmen teil. Hier kamen Menschen zusammen, die kaum Berührungspunkte hatten. Hätte man zumindest denken können. Doch der Einsatz für das Gute und die spürbare Dankbarkeit der Nachkommen beflügelte uns alle, an diesem Abend und über Wochen, Monate und Jahre hinaus.

Die KIgA entwickelte im Anschluss an die Geschichte von Mod Helmy und Anna Boros angelehnte Methoden. Ein Muslim rettet im Berlin der Nazi-Zeit eine Jüdin. Das bietet für die leider viel zu oft behauptete Lesart der »ewigen Feindschaft« zwischen Juden und Muslimen ein wundervolles Gegen-Narrativ. Als Muslim, als Araber, als Mensch und als Arzt, der dem Hippokratischen Eid folgt, hat sich Mod Helmy stark gemacht für jüdisches Leben, hat sein Leben riskiert und den Nazis die Stirn geboten. Er ist ein Vorbild für die deutsche Erinnerungskultur, gerade wenn wir sie inklusiver, moderner und vor allem als für alle zugänglich ausgestalten wollen.

Er ist ein Held, der es verdient hat, dass wir seine Geschichte kennen. Gleichzeitig haben es muslimische Menschen verdient, dass wir uns die Mühe machen, ihnen solche Anknüpfungspunkte an die dunkelsten Kapitel unserer Geschichte zu bieten. Damit wir uns gemeinsam erinnern und gemeinsam eine Haltung hin zu einem echten »nie wieder« entwickeln können.

Nicht zu bestreiten ist die Kollaboration von Mohammed Amin al-Husseini, dem Großmufti Jerusalems, mit den Nationalsozialisten. Hieraus jedoch eine »naturgegebene Feindschaft« zu konstruieren, ist schlicht falsch. Es gibt unter den als Gerechte unter den Völkern ausgezeichneten Menschen Muslime. Um Erinnern und Erinnerungskultur inklusiv zu gestalten und der Vielfalt unserer Gesellschaft auch beim Erinnern gerecht zu werden, ergibt es schlicht Sinn, diese Geschichten einzubeziehen.

Die Thora-Rolle

Januar 2021. Am Tag der Befreiung von Auschwitz werden in Deutschland Jahr für Jahr zahlreiche Gedenkfeiern veranstaltet. In den Tagen rund um den 27. Januar lesen wir unzählige Statements von Politikerinnen, Promis und Menschen, die sich unbedingt dazu äußern wollen. Gedenken, so scheint es in diesen Tagen, ist am Leben und wird in Deutschland großgeschrieben.

»Nie wieder«, hören wir, »Nie wieder ist jetzt!« Es spricht nichts, absolut gar nichts dagegen, solche Äußerungen zu tätigen. Doch nicht umsonst beklagen sich jüdische Menschen in Deutschland oft darüber, dass diese von ihnen als Lippenbekenntnisse gelesenen Statements nichts an ihrer Situation, am Antisemitismus und an Schuldabwehrreflexen in Deutschland ändern.

2021 ist ein besonderes Jahr, wir feiern 1700 Jahre jüdisches Leben in Deutschland. Und im Bundestag findet zum Gedenktag ein besonderer Festakt statt: Eine der ältesten Thorarollen Deutschlands steht in diesem Jahr im Zentrum des Gedenkens.

Der besondere Einsatz einzelner Menschen sorgte dafür, dass diese Thorarolle die Jahrhunderte überdauerte. Sie wurde in Israel restauriert und es gehört zur Tradition, dass die letzten Buchstaben feierlich eingesetzt werden. Bundeskanzlerin Angela Merkel, Bundespräsident Frank-Walter Steinmeier und andere werden diese Restaurierung durch ihre Buchstabensetzung vollenden. Dem bayerischen Rabbiner Elias Dray war es von besonderer Bedeutung, dass auch ein Muslim an diesem feierlichen Akt beteiligt ist. Deshalb hatte er mich gefragt, ob ich nicht auch einen Buchstaben setzen könne.

Es sind diese kleinen Gesten und das Engagement Einzelner, die eine große Wirkung entfalten können. Seit Jahren arbeiten wir daran, dass Erinnern und Gedenken in unserer Migrationsgesellschaft gelingen können.

Deutschland bezeichnet sich selbst (und wird zuweilen auch von anderen so bezeichnet) als Erinnerungsweltmeister. Als Deutschland das letzte Mal Fußball-Weltmeister wurde, waren Menschen mit türkischer (Mesut Özil), albanischer (Shkodran Mustafi) und polnischer Migrationsgeschichte (Lukas Podolski und Miroslav Klose) selbstverständlich Teil des Erfolgs. Das zeigt, so banal das Beispiel auch ist: Unterschiedliche Menschen, mit und ohne Migrationsgeschichte, gehören dazu und werden beteiligt. Der Erfolg blieb ihnen dadurch nicht verwehrt. Für das Erinnern gilt dasselbe.

Von »Lippenbekenntnissen« bis hin zu dem von Max Czollek geprägten Begriff des »Versöhnungstheaters«[25]: Es gibt viele kritische Perspektiven auf die deutsche Erinnerungskultur, auf die ich meist ambivalent reagiere. Einerseits fand das Erinnern im Nachkriegsdeutschland unter schwierigen Bedingungen und gegen größte Widerstände statt. Das verdient definitiv Anerkennung und Respekt. Andererseits ist der Vorwurf, dass Gedenkveranstaltungen Menschen mit Migrationsgeschichte (bewusst oder unbewusst) meist nicht mit einbeziehen, nicht von der Hand zu weisen. Das muss schnell und umfassend angegangen und geändert werden. Erinnern muss in einer heterogenen Gesellschaft zwangsläufig multiperspektivisch gestaltet werden. Sonst wird Erinnerungskultur zur Ausgrenzungskultur und erreicht nichts.

Lebendiges Erinnern bedeutet auch, den Blick für aktuelle Entwicklungen zu schärfen. In diesem Zusammenhang hat mich die Arbeit des United States Holocaust Memorial Museum, USHMM, stark beeindruckt. Das Museum produzierte 2018 den berührenden Dokumentarfilm *82 Namen. Syrien, bitte vergiss uns nicht*, der die Verbrechen des Assad-Regimes auf sehr eindrückliche und persönliche Weise näherbringt. Der Film zeichnet den Weg von Mansour Omari nach. Er ist Überlebender von Gefangenschaft und Folter in Syrien. Als Omari aus dem Gefängnis entlassen wurde, schmuggelte er in sein Hemd eingenähte Stofffetzen heraus. Darauf standen die 82 Namen seiner Mithäftlinge mit Tinte aus Blut und Rost geschrieben. Mit deren Bitte: »Vergesst uns nicht!«

Im Exil erfährt Omari Unterstützung vom USHMM, das seine Geschichte und die seiner Mithäftlinge erzählen will. Omari will verstehen, wie es in einer Gesellschaft gelingen kann, Vergangenheit aufzuarbeiten und an die Opfern zu erinnern. Er besucht Gedenkstätten in Deutschland, trifft sich mit Holocaust-Überlebenden und ehemaligen Insassen der damaligen Lager.

Solche Geschichten moderner Helden, die sich selbstlos in den Dienst der Opfer stellen, müssen erzählt werden. Omari, seine Mithäftlinge, grundlegend alle Opfer von Menschheitsverbrechen haben es verdient, nicht vergessen zu werden. Eine inklusive Erinnerungskultur schließt solche Geschichten nicht mehr aus. Vielmehr ist es genau richtig, dass das USHMM sich dieser Geschichte angenommen hat und alles in seiner Macht Stehende tut, um Omari zu unterstützen. Dies kann auch ein Signal für uns sein, uns lieber kurz- als mittelfristig wegzubewegen von der monoperspektivischen Erinnerung an den Holocaust hin zu einem multiperspektivischen und multidirektionalen Erinnern. Und vielleicht kann es ein Signal sein, Offenheit auch hier bei uns zu wagen. Sodass wir uns mit den Dingen auseinandersetzen, die uns hier beschäftigen oder auch aufhalten. Sind es Gewohnheiten und die allgemeine Angst vor Veränderung? Geht es um die Wahrung eines Status quo? Versperrt man sich etwa so vor der Akzeptanz der gesellschaftlichen Vielfalt? Egal was die Hintergründe und Motive sein mögen, müssen wir uns mit alldem befassen und uns den Realitäten widmen, statt uns beim Versuch der Wahrung von etwas, was vielleicht mal wahr war, aufzubrauchen und dabei Chancen zu verpassen.

Gesellschaft

»Warum siehst du jeden kleinen Splitter im Auge deines Mitmenschen, aber den Balken in deinem eigenen Auge bemerkst du nicht? Wie kannst du zu ihm sagen: ›Komm her! Ich will dir den Splitter aus dem Auge ziehen!‹, und dabei hast du selbst einen Balken im Auge! Du Heuchler! Entferne zuerst den Balken aus deinem Auge, dann kannst du klar sehen, um auch den Splitter aus dem Auge deines Mitmenschen zu ziehen.«[26]

Im November 2023 findet die »Deutsche Islamkonferenz« statt. Unter den Eindrücken des Terroranschlags der Hamas vom 7. Oktober sitzen Vertreterinnen und Vertreter der Muslime in Deutschland in einer Runde. Der ehemalige Bundespräsident Christian Wulff ist anwesend. Ich sitze dabei. Christian Wulffs Satz »Der Islam gehört zu Deutschland«, den er anlässlich seiner Rede zu zwanzig Jahren deutscher Einheit gesagt hatte, erhielt damals viel Aufmerksamkeit. Kaum jemand hat noch den genauen Wortlaut und Kontext im Kopf:

»Das Christentum gehört zweifelsfrei zu Deutschland. Das Judentum gehört zweifelsfrei zu Deutschland. Das ist unsere christlich-jüdische Geschichte. Aber der Islam gehört inzwischen auch zu Deutschland.«[27]

In seiner vollständigen Version klingt er deutlich relativierender. Das »inzwischen« wiegt schwer. Zum Beispiel als Ausdruck der Resignation. Jetzt ist es halt so. So weit ist es inzwischen gekommen. Als ich den Satz damals hörte, habe ich mich unumwunden gefreut. Es hat mich bestärkt, ich hatte das Gefühl, als Muslim gesehen, akzeptiert zu werden. Dreizehn Jahre später sitze ich also in dieser Runde und höre Wulff wieder sprechen.

Wulff wiederholt seinen Klassiker: »Der Islam gehört zu Deutschland.« Die Freude, die ich beim ersten Mal empfand, ist längst verschwunden. Mir ist jetzt klar, dass, wann immer jemand sagt: »Du gehörst auch dazu«, das Gegenteil ausgedrückt wird: Du gehörst eben genau nicht dazu. Noch dazu wird Zugehörigkeit von einer Autorität erteilt, ganz den autochthonen deutschen Allmachtsfantasien folgend.

Ich gehöre aber dazu, weil das Staatsbürgerrecht es so will. Das Grundgesetz. Das kann ein Bundespräsident a. D. weder ändern noch bekräftigen. Ich höre den Satz und möchte ergänzen: »Der Antisemitismus auch.« Egal wie ich den Satz von Wulff drehe und wende: Er geht nicht mehr auf. Dazugehören ist längst selbstverständlich. Meine Eltern leben hier und zahlen seit Jahrzehnten Steuern. Ich bin deutscher Staatsbürger. Mehr noch: Ich habe dem Staat in unterschiedlichen Funktionen gedient. Und zwar mit Begeisterung und Stolz. Wohin soll ich denn gehören, wenn nicht dazu? Ich bin Lehrer (zwar nicht mehr im Schuldienst, aber qua Ausbildung, es ist Teil meiner Identität). Ich war Antidiskriminierungsbeauftragter des Berliner Senats. Ich kämpfe seit Jahrzehnten gegen das deutscheste aller Übel: den Antisemitismus. Wohin sollen also Menschen wie ich gehören, wenn nicht selbstverständlich dazu?

Sprache ist Macht. Wer zum Beispiel einen anderen Menschen lobt, konstruiert dadurch automatisch ein Machtgefälle. Aus meinem Lehrerdasein ist mir das nur allzu bewusst. Auch wenn gut gemeinte Worte positiv klingen: Wer ist Christian Wulff, mir und Millionen anderer Muslime die Zugehörigkeit gnädig zu gewähren? Sprache ist Macht. Wem oft zugehört wird, wer viel zu sagen hat, sollte seine Worte mit Bedacht wählen. Den richtigen Ton im Umgang miteinander finden wir nur, wenn wir andere zu Wort kommen lassen, ihnen zuhören, ihre Perspektiven ernst nehmen.

Wulff meint seinen Satz nicht exkludierend. Doch das ist nicht relevant. Denn zwar hatte ich das Privileg, mich mit ihm direkt auszutauschen, nachzufragen, Antworten zu bekommen, die überwiegende Mehrheit der in Deutschland lebenden Musliminnen und Muslime hat es aber nicht. Sie nehmen seine Rede, nehmen sein Zitat als das, was es ist: zu kurz gegriffen, ausschließend. Eine Machtdemonstration.

In der Deutschen Islamkonferenz hat Wulff die Repräsentanten der Muslime in Deutschland wie Schulkinder vor sich, macht rhetorisch ein bisschen »Dududu«, ermahnt uns, weist uns in Teilen zurecht. Ich fühle mich nicht wohl. Und dann zum besseren Verständnis noch dieser Vergleich. Wulff sagt: »In Japan gibt es im Straßenverkehr ein Linksfahrgebot. Und alle, die nach Japan kommen, wissen: Hier fährt man links. Das akzeptieren sie. Und so erwarte ich, dass alle, die nach Deutschland kommen, gegen Antisemitismus sind, denn wir hier in Deutschland sind gegen Antisemitismus.«

Ob es in Japan wohl auch 20% heimliche Rechtsfahrer gibt, frage ich mich.

Auf dem Heimweg – und auch in den Tagen danach – komme ich aus dem Grübeln nicht mehr heraus. Wenn es so einfach ist, warum lässt mich das nicht los? Warum fühle ich mich nicht abgeholt, sondern verdächtigt? Wer mit dem Anderssein groß wird, läuft Gefahr, abzustumpfen, sich daran zu gewöhnen. Gefühlt habe ich mich in dem Termin wie ein Schuljunge, der gerügt wurde. Wie damals, als meine Rektorin immer wieder meinte: »Aber bitte sauberes Deutsch.«

Muslime, das haben die Monate seit dem 7. Oktober gezeigt, stehen unter Verdacht. Sie werden verdächtigt, per se antisemitisch zu sein. Das zeigte auch Wulff in seinen Auslassungen. Wer hier geboren wurde und Teil der Mehrheitsgesellschaft ist, muss zu keinem Zeitpunkt seines Lebens einen »Staatsbürger-Check« durchlaufen. Die Zustimmungsraten zu antisemitischen Vorurteilen, das belegen zahlreiche Studien, sind seit den 90er Jahren in der gesamten deutschen Gesellschaft konstant hoch. Jugendliche in Deutschland können mit »Auschwitz« nichts anfangen.[28] Das sind keine Probleme neu eingewanderter Menschen, es ist ein gesamtgesellschaftliches Problem. Antisemitismus bekämpfen wir nicht, indem wir andere Gruppen konsequent ausgrenzen. Wir verlieren »die Anderen«, die ja dazugehören, wenn wir ihnen mit Vorurteilen, Vorverurteilungen und Verdächtigungen gegenübertreten. Gesellschaft funktioniert aber nur mit allen und nicht gegen Einzelne.

Schon die 2017 veröffentlichte Untersuchung des Instituts für Konflikt- und Gewaltforschung der Universität Bielefeld unter Leitung von Andreas Zick stellt nüchtern und sachlich fest:

»Es findet sich kein konsistenter Beleg für einen grundlegenden muslimischen Antisemitismus.«[29]

Wulff und Co. ist also zu entgegnen: Der Islam gehört zu Deutschland, der Antisemitismus auch. Identitäten sind vielschichtig, wandelbar und ständig in Bewegung. Teil der deutschen Identitäten ist dementsprechend auch der Antisemitismus. Und der fatale Umgang damit. Wir können zwar schockiert sein, dass eine offen rechtsextreme Partei derart hohe Zustimmung erfährt. Überrascht sein kann allerdings nur, wer die letzten dreißig Jahre in einem Dornröschenschlaf verbracht und nichts von den gesellschaftlichen Entwicklungen mitbekommen hat.

Wir müssen als Gesellschaft also über unsere Identitäten nachdenken, wir müssen den großen Bogen spannen, unter den alle passen und in dem sich alle gesehen fühlen. Willkommenskultur reicht dafür genauso wenig aus wie Lippenbekenntnisse zur deutschen Staatsräson oder das ewige »nie wieder«, das zu den Gedenktagen von deutschen Politikerinnen und Politikern gebetsmühlenhaft wiederholt wird. Keine Migrationsbewegung der letzten dreißig Jahre hat an den konstanten Zustimmungsraten zu antisemitischen Behauptungen in Deutschland etwas geändert. Wie können wir offen und vielfältig sein und trotzdem sogar diejenigen einbeziehen, mitdenken und mitnehmen, die die Gesellschaft spalten? Wie überwinden wir Gräben und Risse?

Auch Bezeichnungen wie zum Beispiel »jüdische Mitbürger« verdeutlichen die Vorstellung einer christlich dominierten Mehrheitsgesellschaft. Wir haben uns, und es gibt da noch die anderen. Ich habe kein Problem damit, dass die Mehrheitsverhältnisse so sind, wie sie sind. Das ist die Realität und ich akzeptiere sie. Ich wünsche mir nur mehr Verständnis, Empathie und Miteinander. Und ich wünsche mir, dass auch diese Realität akzeptiert wird: Muslime und ihre Religion sind hier und bleiben hier!

Thomas von Aquin sagt, dass Wahrheit die Übereinstimmung zwischen dem ist, was wir denken, und dem, was ist. Wenn wir also einen Sachverhalt der Welt richtig erkennen, haben wir etwas Wahres gefunden. Solange wir ausdrücken müssen, dass der Islam zu Deutschland gehört, gehen wir eigentlich weiter davon aus, dass er eben nicht dazugehört. Wer die Zugehörigkeit von über fünf Millionen Menschen in Frage stellt, begibt sich nicht nur in gefährliche Fahrwasser, sondern hinterfragt auch die deutsche Verfassung.

Merksatz: Wer (dominierend) von Muslimen (pauschalisierend, kollektivierend) fordert (appellativ, imperativ) sich von etwas zu distanzieren, unterstellt eine Nähe (suggestiv, stigmatisierend).

Abgesehen von allen diskriminierungskritischen Aspekten wie etwa »wir und die anderen« ist der Freispruch und die Entlastung, die man sich selbst damit verschafft, hoch problematisch.

Ein Teil der Muslime in Deutschland hat antisemitische Einstellungen. Tatsache! Es sind nicht immer die anderen und es ist nicht immer anderswo. Es sind wir und es ist hier. Es sind hier geborene und aufgewachsene Menschen mit arabischen Wurzeln und muslimischen Bezügen, die nach dem bestialischen Terror der Hamas, gemeinsam mit italienischen, lateinamerikanischen, herkunftsdeutschen Linken, auf den Straßen Berlins mal pro-palästinensisch, oft anti-israelisch demonstriert haben. Es waren nicht nur Khadija und Ahmad, die da protestierten, sondern auch Fabrizio, Charlotte und Sören.

Man kann das alles ignorieren und weitermachen wie gewohnt und geübt.

›Muslime‹ stigmatisieren. ›Jugendliche‹ kriminalisieren. ›Bezirke‹ dämonisieren. ›Klare Kante‹ signalisieren. ›Volle Härte‹ garantieren. Man kann massenhaft abschieben und massenhaft deutsche Pässe entziehen. Und noch vorher kann man Einreisen verhindern und Aufenthalte und Einbürgerungen verbieten. Wozu sonst hat man denn eine Demokratie und ist ein Rechtsstaat?!

Lippen und Bekenntnisse

Ich bin Muslim. Ich bekomme die Debatten rund um Migration, Integration, Flucht und Vertreibung nicht nur mit, sondern in diesen Debatten geht es um mich. Wenn radikale Extremisten im Namen des Islam brutalste Angriffe, Anschläge oder Massaker wie das am 7. Oktober verüben, dann werden bestimmte Rufe aus Politik und Gesellschaft mit großer Regelmäßigkeit laut: »Distanziert euch!« heißt es da, verkürzt gesprochen, aus allen möglichen Richtungen. Meine Reaktion auf diese Forderungen sind in der Regel reserviert zurückhaltend.

Ich war in der Woche vom 11. September in der Moschee. Ich war in der Moschee in der Zeit, als das Attentat auf Charlie Hebdo stattgefunden hat, ich war in der Moschee, als das Attentat auf den Weihnachtsmarkt auf dem Breitscheidplatz passierte. Auch in den Tagen um den 7. Oktober war ich in der Moschee. Nicht ein Mal habe ich erlebt, dass in diesem Kontext Terrorakte ignoriert oder gar bejubelt wurden. Die Forderungen nach Distanzierung greifen einfach nicht, verhindern weder Radikalisierung, noch bringen sie den Opfern oder Hinterbliebenen etwas. Sie sind, wenn man sie genau betrachtet, eingeforderte Lippenbekenntnisse. Als ob es ausreichen würde, sich zu distanzieren. Als ob es notwendig wäre, sich als Deutscher von Anschlägen wie Halle oder Hanau zu distanzieren. Wir trauern mit den Opfern dieser Gewalttaten. Im Fall des ermordeten französischen Geschichtslehrers Samuel Paty zum Beispiel hilft uns Distanzierung wenig, um Radikalisierung oder pubertären Provokationen vorzubeugen beziehungsweise ihnen etwas entgegenzustellen. Hier hilft vielmehr, mit Kindern und Jugendlichen zu arbeiten, genau hinzuhören und gegenzuhalten. Es existieren durchaus lohnenswerte pädagogische Ansätze, wie man mit Provokationen und verstörenden Aussagen von Kindern und Jugendlichen umgehen kann. Mit gezieltem Nachfragen kommt man beispielsweise schon sehr weit.

Aussagen wie »Paty hat Mohammed-Karikaturen gezeigt, das bin ich als Muslim nicht bereit zu akzeptieren« kann mit Gegenfragen begegnet werden. Zum Beispiel: »Was hat Paty gemacht?«; »Wo habt ihr davon erfahren?«; »Hat Paty den Propheten wirklich beleidigt?«; »Was genau ist denn Prophetenbeleidigung?«

So bewegt man sie dazu, sich zu erklären oder zumindest das, was sie wissen oder glauben zu wissen, einmal auszusprechen. So hat die Lehrkraft die Chance, besser zu verstehen, warum sie so sprechen, wie sie sprechen. Anstatt den Kindern etwas zu unterstellen oder sie in ihren falschen Positionen zu bestätigen und noch dazu die Distanz zu erhöhen, kann Austausch forciert werden.

»Würden wir hier erlauben, dass diejenigen, die Mohammed-Karikaturen nicht sehen wollen, aus dem Unterricht gehen dürfen?«

»Das hat Paty auch gemacht.«

Und dennoch wurde er brutal ermordet. Obwohl er hier Verständnis an den Tag gelegt und Umsicht gezeigt hat. In so einem Widerspruch müssen sich die Schüler ertappen.

Nach dem Mord an Samuel Paty sollte es auf Wunsch der französischen Botschaft eine Schweigeminute an allen Berliner Schulen geben. Im Vorfeld befürchtete die Interessenvertretung Berliner Schulleitungen, es könne Widerstand dagegen geben. Die Befürchtung war gerechtfertigt, werden solche Schweigeminuten doch sehr unterschiedlich begleitet. Ohne pädagogische Vorbereitung laufen Schulen Gefahr, dass sie zu teilnahmslosen Akten der Formerfüllung verkommen.

Was bei Erwachsenen unkritischer akzeptiert wird, funktioniert bei Kindern und Jugendlichen schwieriger, da ihr Sinn für Gerechtigkeit sehr oft ungeschliffen und nicht mit innerem Korrektiv ausgestattet ist. So fällt es Kindern leichter, unfaire oder ungerechte Situationen zu erkennen und anzusprechen. Grundsätzlich haben sie ein gutes Gespür dafür, worum es bei »Aktionen« eigentlich geht. Folgende türkische Redewendung fasst das sehr gut zusammen:

»Üzüm yemek değil, bağcıyı dövmek.« (»Es geht nicht darum, Trauben zu essen, sondern den Winzer zu schlagen«.)

Für das Beispiel mit den Schweigeminuten heißt das übertragen, uns muss es darum gehen, dem Verstorbenen Respekt zu erweisen und seiner zu gedenken, und nicht darum, die Schüler zu verteufeln. Oft ist der Umstand herausfordernd, dass erwachsene Menschen, mit all ihrer Lebenserfahrung und all ihrem Wissen, zu Vorannahmen kommen, die den Blick für Kinder und Jugendliche manchmal vermissen lassen.

»Wozu denn pädagogische Vorbereitung?«; »Hier wurde jemand geköpft, da braucht es keine Erklärungen und Vorbereitungen.«

Es lohnt sich, die Ziele solcher Aktionen klar zu benennen. Wollen wir einem verstorbenen Menschen Respekt zollen? Gut! Wollen wir unsere rassistischen Vorannahmen gegenüber Schülerinnen und Schülern bestätigt sehen? Schlecht!

Verzichtet man auf Vorbereitung, Erklärungen und Kontextualisierungen, riskiert man potenzielle Störungen oder Lagerbildung.

Wir sehen an solchen Vorgängen ebenfalls, welchem Druck vor allem migrantisch gelesene Schülerinnen und Schüler in Deutschland ausgesetzt sind. Was für Erwartungen an sie gestellt werden und mit welchen Vorurteilen sie sich alltäglich konfrontiert sehen.

Einfache Forderungen nach Distanzierung bringen weder in der Schule noch außerhalb etwas. Bekenntnisse sind keine, wenn sie auf Zuruf geschehen. Man fordert keine Bekenntnisse und füllt sie dann mit Inhalten. So wird kein Schuh draus. Man setzt sich mit Inhalten auseinander und kommt dann zu Bekenntnissen. Das ist der Weg.

Das, was man sich als Ziel vornimmt – gelebte Demokratie, Verfassungspatriotismus, das Mitsingen der deutschen Nationalhymne, »Antisemitismus hat keinen Platz« und auch »Staatsräson Israel« –, muss auch als Ziel akzeptiert werden. Offensichtlich sind wir nicht da, wo wir sein wollen. Also müssen wir uns dahin bewegen. Und das gelingt nur durch Anstrengung.

Sowohl der heilige Thomas von Aquin als auch lange vor ihm Aristoteles und sicherlich viele kluge Köpfe vor ihm beschreiben den Weg zum Bekenntnis so:

Ich lerne etwas bedeutet »kennen«.

Ich kann das Gelernte abrufen bedeutet »erkennen«.

Ich kann die Dimension des Gelernten erfassen bedeutet »anerkennen«.

Ich sehe meine Rolle und auch meinen Anteil im Ganzen und bin mit meinem Gewissen und meinen Taten verpflichtet bedeutet »bekennen«.

Auf diesem Weg kommt man zu tatsächlichen Bekenntnissen. Alles andere sind bestenfalls Lippenbekenntnisse. Und diese fordern in der Regel jene, die es gewohnt sind, sich selbst über Lippenbekenntnisse zu entlasten.

Wenn wir gesellschaftlich zusammenwachsen und mehr voneinander wissen wollen, wenn wir die Perspektive anderer Menschen auf Ereignisse wie Attentate und Gewaltverbrechen verstehen wollen, wenn wir gemeinsame Perspektiven entwickeln wollen, dann müssen wir ins Gespräch kommen. Einander zuhören. Uns ausreden lassen und Verständnis aufbringen. Und dann werden wir vermutlich feststellen, dass die eigene Sichtweise von der jeweils anderen gar nicht so weit entfernt ist. Was uns vereint, ist meistens größer als was uns trennt: die Trauer über den Verlust von Menschenleben, die Wut, die Verzweiflung und oft auch die Sprachlosigkeit im Angesicht des Terrors. Da können wir uns begegnen. Von da aus können wir gemeinsam zu Urteilen kommen. Die Basis dafür sind unsere gemeinsamen Werte: Nächstenliebe, das Grundgesetz, die Menschenrechte. Wer sich darauf nicht verständigen kann, hat im demokratischen Diskurs ohnehin nichts verloren und die Grenzen des Tolerierbaren weit überschritten.

Mensch ist Mensch – eine Schlussrede

Nasreddin Hodscha will auf dem Markt einen Truthahn verkaufen und stellt sich neben den Besitzer eines Papageis, der für sein Tier zehn Pfund verlangt. Der erste Interessent schreit:

»Bist du wahnsinnig? Der Papagei dort kann sprechen und kostet zehn Pfund, und du verlangst zwanzig?«

»Mein Truthahn kann mehr als sprechen«, erwidert der Hodscha, »er kann zuhören.«

Meine Mutter ist eine gesellige Frau, sie bringt sich gerne ein und pflegt in ihrer Nachbarschaft immer schon viele innige Freundschaften. Dennoch kursieren auch im Freundeskreis meiner Mutter Vorurteile. Eines, gegen das sie sich humorvoll zur Wehr setzte, hat mit der alevitischen Nachbarin zu tun: Es sind die frühen 80er Jahre in Berlin. Meine Eltern wohnen in einer diversen Nachbarschaft, hier leben vor allem viele (Gast-)Arbeiterinnen und (Gast-)Arbeiter, einfache und bescheidene Menschen. Eine Nachbarin, Fatma, ist Alevitin und kommt aus der Nachbarprovinz meiner Eltern. Natürlich versteht man sich, tauscht Geschichten aus der Heimat aus, trifft sich zum gemeinsamen Essen, verbringt viel Zeit miteinander. Esma, aus demselben Dorf wie meine Mutter und wie sie sunnitisch, ist eine gute Bekannte, die noch nicht lange in Deutschland ist, und kennt Fatma auch. Alle drei sitzen oft im Park auf den Bänken, wenn wir Kinder auf dem Spielplatz spielen. Eines Tages erzählt Esma meiner Mutter im Vertrauen, was sie über Aleviten gelernt hat:

»Die spucken beim Teekochen ins Wasser.«

Irritiert entscheidet meine Mutter, was gegen die Vorurteile ihrer jungen Freundin zu unternehmen. Sie schnappt sich Fatma und schildert ihr die Tee-Geschichte von Esma:

»Lass uns ihr mal eine Lektion erteilen!«

Sie verständigen sich darauf, dass Fatma meine Mutter und Esma zum Tee einladen wird. Am nächsten Tag ist es schon so weit. Die beiden sind nun bei Fatma zu Gast. Vorher unterrichtet meine Mutter Esma, dass sie den Tee zubereiten soll. Gleichzeitig wurde auch Fatma gebrieft: Sie solle den Tee zubereiten. In der Wohnung beginnt nun das Ringen um die Teezubereitung. Esma, in Sorge, dass ihr in den Tee gespuckt wird, besteht darauf.

»Lass mich den Tee kochen, Fatma abla[30], du bist die Ältere, ich koche gerne für uns den Tee!«

Fatma verkneift sich das Grinsen und besteht höflich, aber bestimmt darauf, den Tee für Ihre beiden Gäste selbst zu kochen.

»Lass gut sein, Esma, du bist mein Gast, setz dich gemütlich hin, warte kurz, ich bringe uns allen Tee.«

So geht es einige Minuten hin und her. Man kommt vor lauter Gerangel um Höflichkeiten und Rücksichtnahme nicht einmal dazu, das Wasser aufzusetzen.

Meine Mutter kann sich das nicht länger ansehen. Lachend klärt sie Esma auf:

»Esma, kızım[31], wir haben uns einen Spaß erlaubt. Ich habe Fatma abla von deiner Tee-Spuck-Geschichte erzählt und wir haben uns dann das hier ausgedacht. Natürlich stimmt das nicht, wir alle kochen den Tee gleich.«

Esma war die Situation anfangs unangenehm, doch das laute Lachen von Fatma und meiner Mutter war dann doch zu ansteckend …

Ich kann verstehen, dass Menschen, die ausgegrenzt werden und denen mit Vorurteilen begegnet wird, dies nicht immer mit Humor lösen können. Der Schmerz überwiegt zu häufig. Ich möchte es auch niemandem zumuten, solche Situationen auf diese Art und Weise anzugehen. Aber die drei haben das so gemacht und es ist sogar gut ausgegangen. Gerade wenn die Beziehungen stabil sind, wenn es Vertrauen gibt, kann Humor, gespickt mit ein wenig Fingerspitzengefühl, Wunder bewirken. Solche Geschichten über meine Eltern gibt es zahlreiche. Das Verbindende, die Gemeinschaft stand stets im Zentrum. Und wenn das Zentrum stabil ist, sind Randerscheinungen und Störgeräusche nichts, was der Freundschaft nachhaltig schaden kann. Die drei lachen noch heute über diese verrückte Geschichte.

Solche Geschichten wirken stark auf mich. Heute weiß ich, warum ich es so häufig schaffe, trotz Widerständen im Austausch zu bleiben. Ich habe einfach verdammt coole Eltern – echte Vorbilder. Meine Vorbilder. Und sie haben mir eine ordentliche Portion Humor und Gelassenheit mit auf den Weg gegeben. Der Mensch mit all seinen Fehlern und Eigenheiten, mit seinen Macken, Stärken und Schwächen muss als Ganzes gesehen werden. Dann wird klar: Wir kochen alle nur mit Wasser. Und niemand spuckt den anderen in den Tee.

Meine Eltern, meine Prägung und meinen Umgang mit schwierigen Situationen, mit Hass und Intoleranz mal dahingestellt. Das bin ich und niemand muss so sein wie ich. Alle können aber so sein wie sie selbst. Heißt: Selbst Haltung entwickeln, eine eigene Haltung haben, diese zeigen, wenn sie gebraucht wird.

Im Kontext Nahostkonflikt herrschen intensive Emotionen und sicherlich brennt es bei dem einen oder der anderen auch mal durch. Es gibt großen Schmerz, viele Betroffene und eine riesige Betroffenheit. Ich möchte es mir unmissverständlich und buchstäblich einmal von der Seele schreiben: Ich wünsche mir Frieden! Ich wünsche mir nichts mehr, als dass die Menschen dort auch das Glück des Friedens erfahren. Betroffenheit ist gut, wenn es Menschen aktiviert zu handeln, Gutes zu tun. Und ich bin überzeugt, wir müssen alle aktiver werden und handeln und Gutes tun. Ganz klassisch im Ghandi'schen Sinne von: Sei du die Veränderung, die du dir für die Welt wünschst.

Im März 2024 sagt der Philosoph Omri Boehm im Rahmen der Leipziger Buchmesse, wo ihm der »Leipziger Buchpreis zur Europäischen Verständigung« verliehen wird, mit Blick auf Israel und Gaza: »In der Auseinandersetzung zwischen den Verfechtern der Doktrin des ›bewaffneten Widerstands‹ und der Theorie der ›Selbstverteidigung‹ sehen wir die Öffentlichkeit verdunkelt. Und von Freundschaft zwischen Israelis und Palästinensern zu sprechen, erscheint für einen Augenblick mehr als naiv oder ›utopisch‹ – es erscheint fast grotesk.«[32]

Es ist derart aussichtslos, zum Verzweifeln, bedrückend, niederschmetternd, tieftraurig, dass Ohnmacht und Hoffnungslosigkeit beherrschend sind. Vernunft, das große Wort der Aufklärung, hat in diesem Konflikt abgenutzte Zähne, sodass es im Räderwerk der Menschen, uns Menschen, nicht mehr greift. Wahrscheinlich bedarf es eines Wunders, vermutlich brauchen wir Glück, denn mit Vernunft allein sind wir bisher nicht weit gekommen. Während diese Zeilen entstehen, sind immer noch israelische Geiseln Gefangene von Hamas-Terroristen. In Gaza hungern, leiden und sterben Menschen. An amerikanischen Universitäten muss mancherorts der Hochschulbetrieb eingestellt werden. In Deutschland sind radikal-islamistische Menschen auf den Straßen und rufen nach einem Kalifat. Auch hier haben Universitäten mit Protesten und antisemitischen Ausschreitungen zu kämpfen. All das passiert zeitgleich. Ohne gleich zu sein. Oder von mir gleichgesetzt zu werden.

Wer mit Überzeugung gegen Israel auf die Straße geht, ist sich seiner Haltung gewiss. Ist sich sicher, auf der »richtigen Seite« der Geschichte zu stehen. Genauso ist von der Richtigkeit seiner Handlungen und Haltungen überzeugt, wer den grassierenden und stumpfen Antisemitismus unter den Protestierenden benennt. Den Auftrag Haltung zu zeigen sehen immer mehr Menschen vor allem dadurch erfüllt, sich auf die eine oder andere Seite zu schlagen. Es gibt jedoch auch eine Haltung, die beiden »Seiten« gerecht werden will. Und all diejenigen, die in dieser verzweifelten und aussichtslosen Situation die Balance halten und alle Seiten sehen, die dürfen nicht unter die Räder geraten. Solche Entwicklungen sind keineswegs neu und erinnern stark an die Zeit nach dem 11. September. Damals war Radikalisierung noch überwiegend ein analoges Phänomen, das vor allem mit Hasspredigern »vor Ort« funktionierte. Heute jedoch hat sich das Medium der Radikalisierung verändert: Plattformen wie TikTok ermöglichen es, innerhalb kürzester Zeit Hunderttausende junge Menschen zu erreichen. Wo man früher noch Schulter an Schulter gemeinsam beten musste, um auch eine emotionale und zwischenmenschliche Verknüpfung herzustellen, schafft man es heute ohne Körperkontakt und Nähe genauso wirkungsvoll, mit Verschwörung und Hass in die Köpfe der Menschen vorzudringen.

Antisemitismus verfängt. Auf die »jüdische Weltverschwörung« und das Feindbild Israel kann man sich schnell einigen. Die Anziehungskraft dieser Kernideologie der Extremisten ist derart stark, dass Menschen bereit sind, auf die Straße zu gehen und absolut Unsagbares zu sagen, schreckliche Taten zu feiern, Gewalt zu propagieren oder eben das Kalifat in Deutschland zu fordern. Mit Aussagen wie »Gaza-Kammern« relativieren sie leichtfertig den Holocaust und wahren ihre antisemitische Kontinuität.

In dieser neuen digitalen Ära wirken wir oft hilflos angesichts der Geschwindigkeit und Reichweite, mit der extremistische Botschaften verbreitet werden. Uns fehlen digitale Antworten oder Strategien, um dieser Entwicklung wirksam entgegenzutreten. Obwohl es an Brisanz gewinnt, erhält das Thema nicht die notwendige Aufmerksamkeit in bildungspolitischen Diskursen.

Das Internet ist nicht nur ein Raum ohne rechtliche Grenzen, sondern auch ein Raum, in dem demokratische Prinzipien zu kurz kommen. Ohnmächtig gegenüber Algorithmen, gegenüber der Masse von Bots und schutzlos vor den Bösen und dem Hass. Habermas hat den Ausdruck des »zwanglosen Zwangs des besseren Arguments« geprägt. Heute scheint sich eher der zwanghafte Wahn des lautesten Geschreis durchzusetzen. Desinformation dominiert Diskussionen und macht konstruktiven Austausch schier unmöglich.

Wir müssen das Schlechte im Blick haben und dagegen vorgehen. Dabei müssen wir auch darauf achten, dass sein Gift nicht in uns dringt. Dass wir nicht verbittern und selbst schlecht werden. So schlecht werden, dass sich unser Blick ändert und wir überall das Schlechte sehen. Und während wir überall das Schlechte sehen, darüber weiter verbittern und aus dieser teuflischen Abwärtsspirale nie mehr herausfinden.

Es gibt ein Antisemitismusproblem unter Muslimen, also kämpfen wir gegen dieses Problem und machen nicht Muslime zum Problem und kämpfen gegen sie. Es gibt ein Rechtsextremismusproblem unter Deutschen, also kämpfen wir gegen dieses Problem und machen nicht Deutsche zum Problem und kämpfen gegen sie. Es gibt ein Rassismusproblem unter Polizisten, also kämpfen wir dagegen und machen sie nicht zum Problem. Mein Prinzip dürfte klar geworden sein. Es ist meine tiefe Überzeugung: Der Mensch ist gut. Muslime sind gut. Deutsche sind gut. Polizisten sind gut. Muslimische deutsche Polizisten sind gut. Menschen sind gut.

Im Buch *Im Grunde gut* von Rutger Bregman findet sich eine Geschichte, die den Cherokee zugeschrieben wird. Darin schildert der Großvater seinem Enkel, dass in jedem Menschen ein Kampf zwischen zwei Wölfen stattfindet. Der eine sei böse, missgünstig, gewalttätig, der andere gut, herzlich, selbstlos. Auf die Frage, welcher Wolf am Ende gewinnen wird, antwortet der Großvater: der, den du fütterst.[33]

Ich engagiere mich nun lange gegen Antisemitismus, gegen antimuslimischen und jeden Rassismus, gegen Diskriminierung, Hass und Ausgrenzung.

Und wenn nach dem Zweiten Weltkrieg, nach dem Holocaust Juden und Christen in Deutschland es geschafft haben, zueinander zu finden, und dieser Dialog nicht nur zwischen Franz Rosenzweig und Martin Buber stattgefunden hat, sondern zu einem großen jüdisch-christlichen Dialog gewachsen ist, wenn zusätzlich die Gesellschaften für jüdisch-christliche Zusammenarbeit aufgebaut wurden und der Deutsche Koordinierungsrat entstanden ist, ist eigentlich alles möglich.

Auf der Suche nach Kinderbüchern bin ich vor einigen Jahren auf das Buch *Großer Panda und kleiner Drache* von James Norbury gestoßen. Darin spazieren ein Panda und ein Drache auf einem Weg. Vor ihnen erstreckt sich ein Stück Wald. Der Panda fragt den Drachen:

»Was ist wichtiger, der Weg oder das Ziel?«

Der Drache, der offensichtlich der Weisere ist, antwortet:

»Deine Weggefährten.«[34]

Der jüdisch-muslimische Dialog begann für mich als eine Reise. Anfangs noch als Mittel, Antisemitismus zu bekämpfen. Während der Dialoge stellte ich schnell fest, dass sie kein Mittel, sondern das Ziel sind. Ein kleiner Drache half mir zu verstehen, worum es eigentlich geht: die Gefährten.

Martin Buber brachte diesen Umstand so auf den Punkt: »Alles wirkliche Leben ist Begegnung.«

Wir müssen als Migrationsgesellschaft nichts lernen, denn wie Kant oder auch Boehm es sagen: Kein Mensch muss müssen.

Doch wenn wir nicht lernen, uns zu begegnen, werden wir irgendwann gezwungen sein. Dann müssen wir mit Hass, Intoleranz und Gewalt leben.

Zwischen einer Haltung des Hasses und einer Haltung der Liebe können wir uns entscheiden. Wir können uns entscheiden, welchen Wolf wir füttern und wir können uns entscheiden, auf einen kleinen Drachen zu hören.

Hätte meine Mutter dieses Buch geschrieben, dann wären wir sicherlich viel näher an Nasreddin Hodschas Weisheit und Humor. Und ihr Buchtitel würde vermutlich lauten »Zwischen Humor und Haltung – Ein Plädoyer für mehr Leichtigkeit im Miteinander«. Das einzige Interview, das sie in ihrem Leben gegeben hat, war mit »Mensch ist Mensch« betitelt. Ihre einfache Einstellung zum Leben, das keineswegs einfach war, macht sie zu meinem größten Vorbild. Eine Frau, die nie die Schule besucht hat, die als Kind das Teppichknüpfen gelernt hat und sich zeit ihres Lebens aufrecht gehend den Buckel krumm gearbeitet hat, kommt nach Deutschland und wird eine weise Kosmopolitin, von der wir alle lernen können. In besagtem Interview wird deutlich, was wir alle von ihr lernen können. Ohne Kant je gelesen zu haben, ist sie frei von jedweder religiösen Engstirnigkeit und ganz im Sinne der Aufklärung die Toleranz in Person. Auf die Frage »Welche Rolle spielt für Sie Religion?« antwortet Sefalet Hızarcı:

»Ehrlich gesagt, habe ich nicht viel Ahnung von Religion. Ich bin Mohammedanerin und ich bete fünfmal am Tag, ich faste, wir ernähren uns halal, meine Kinder habe ich muslimisch erzogen. Aber das ist so, weil ich in meiner türkischen Heimat nichts anderes kannte. Meine Mutter war muslimisch, meine Großeltern waren muslimisch, so wurde ich es selbstverständlich auch. Religion ist für mich sehr familiär geprägt. Meine Eltern brachten uns die religiösen Rituale sehr spielerisch bei. Zu Ramadan fragte unser Vater, ob er unser Fastenbrechen abkaufen könnte, und verteilte dafür Groschen. Das freute uns Kinder. Mit fünfzehn Jahren entschied ich mich bewusster für den Islam und trug dann auch Kopftuch. Aber meine Tochter trägt es nicht mehr. Einen religiösen Zwang gab es in meiner Familie nie. Meine Religion habe ich nie als besser in Bezug auf andere wahrgenommen. Ich mache da keine Unterschiede. Ich sage immer: Mensch ist Mensch. Ausschlaggebend ist der Charakter, nicht die Religion.«[35]

Dank

Ich danke meinen Eltern. Ohne ihre Liebe und Disziplin wäre ich nicht der, der ich bin, und hätte nicht das, was ich habe.

Ich danke meinen Kindern. Sie geben mir Sinn und Hoffnung. Überhaupt möchte ich dieses Buch Kindern widmen. Sie sind das wahre Glück dieser Welt.

Und ich danke Christoph Walesch. Ohne ihn hätte es dieses Buch nicht gegeben.

Danke auch an Simon Lörsch: fürs Radio hören, die Kontaktaufnahme und die geduldige und unkomplizierte Begleitung.

Anmerkungen

1 Körber-Stiftung (Hg.): *spurensuchen – Magazin für historisch-politische Bildung*, 31. Jg., Hamburg 2017.

2 »Und zu seinen Zeichen gehört die Erschaffung von Himmel und Erde und die Verschiedenartigkeit eurer Sprachen und Farben (oder: Arten). Darin liegen Zeichen für die Wissenden.« Sure 30, Vers 22. In: *Der Koran.* Übersetzung von Rudi Paret, Stuttgart 1979.

3 »Es muss Gerechtigkeit geben. Aber ich warne vor Folgendem: Lassen Sie sich nicht von dieser Wut verzehren. Nach dem 11. September waren wir in den Vereinigten Staaten aufgebracht. In unserem Streben nach Gerechtigkeit haben wir aber auch Fehler gemacht.« US-Präsident Joe Biden in Tel Aviv am 18. Oktober 2023. https://de.usembassy.gov/de/praesident-biden-in-tel-aviv/ [letzter Zugriff 12.08.2024].

4 Elie Wiesel in seiner Dankesrede zur Verleihung des Nobelpreises 1986. https://www.nobelprize.org/prizes/peace/1986/wiesel/acceptance-speech/ [letzter Zugriff 12.08.2024].

5 Ozan Ata Canani: »Deutsche Freunde«.

6 Vgl. Kirch, Daniel: »Viele Messer-Kriminelle heißen Michael, Daniel und Andreas«, in: *Saarbrücker Zeitung* vom 28.03.2019. https://www.saarbruecker-zeitung.de/saarland/afd-saar-bekommt-antwort-messer-angreifer-haben-oft-deutsche-vornamen_aid-37745459 [letzter Zugriff 12.08.2024].

7 Vgl. Golitschek, Niklas: »Schülerin (11) mit Kopftuch gewinnt Vorlese-Wettbewerb – dann kommt der Shitstorm«, in: *Focus* vom 27.03.2024. https://www.focus.de/panorama/aussenseiter-egal-wie-lange-man-hier-lebt-schuelerin-mit-kopftuch-gewinnt-vorlese-wettbewerb-dann-kommt-der-shitstorm_id_259804085.html [letzter Zugriff 12.08.2024].

8 Pressemitteilung des Antidiskriminierungsnetzwerks Berlin vom 18.04.2024.

9 Hasters, Alice: *Identitätskrise*, Berlin 2023.

10 Krappmann, Lothar: *Soziologische Dimensionen der Identität*, Stuttgart 1975.

11 Sure 49, Vers 13. In: *Der Koran.* Übersetzung von Rudi Paret, Stuttgart 1979.

12 W. Michael Blumenthal in: Stiftung Jüdisches Museum Berlin (Hg.): *Geschichten einer Ausstellung. Zwei Jahrtausende deutsch-jüdische Geschichte.* Berlin 2002.

13 Çatak, İlker: »Zu früh gefreut«, in: *Die Zeit* vom 27.02.2024. https://www.zeit.de/kultur/film/2024-02/oscar-nominierung-regisseur-migrationshintergrund-ilker-catak [letzter Zugriff 12.08.2024].

14 Überliefert nach dem Vetter und Schwiegersohn des Propheten (S. A. W) Hazrat Ali, in: *Nehc'ül-Belaga.*

15 So erzählt worden von Irfan Uçaroğlu, devri daim olsun.

16 Namen geändert, dem Autor aber bekannt.

17 *Sahih Muslim*, Buch 1, Hadith 78.

18 Name geändert, dem Autor aber bekannt.

19 Name geändert, dem Autor aber bekannt.

20 Name geändert, dem Autor aber bekannt.

21 Kahnemann, Daniel: »Das Rätsel von Erleben vs. Gedächtnis«, TEDx 2010, übersetzt und transkribiert: Martina Panzer. https://www.ted.com/talks/daniel_kahneman_the_riddle_of_experience_vs_memory?subtitle=en&lng=de&geo=de [letzter Zugriff 12.08.2024].

22 Den Begriff verwendet z. B. der Althistoriker Christian Meier im Interview mit dem Deutschlandfunk. https://www.deutschlandfunkkultur.de/vergangenheitsbewaeltigung-wir-sind-erinnerungsweltmeister-100.html [letzter Zugriff 12.08.2024].

23 Vgl. Institut für Demoskopie Allensbach, https://www.ifd-allensbach.de/fileadmin/kurzberichte_dokumentationen/FAZ_Juni2018_Antisemitismus.pdf [letzter Zugriff 12.08.2024].

24 Santayana, George: *The Life of Reason or The Phases of Human Progress. Introduction and Reason in Common Sense*, New York 1905.

25 Czollek, Max: *Versöhnungstheater*, München 2023.

26 *Die Bibel*, Neues Testament, Matthäus-Evangelium 7,3-5.

27 Wulff, Christian: »Vielfalt schätzen – Zusammenhalt fördern«, Rede zum 20. Jahrestag der deutschen Einheit vom 10.03.2010 https://www.bundespraesident.de/SharedDocs/Reden/DE/Christian-Wulff/Reden/2010/10/20101003_Rede_Anlage.html [letzter Zugriff 12.08.2024].

28 Vgl. Körber-Stiftung (Hg.): *spurensuchen – Magazin für historisch-politische Bildung*, 31. Jg., Hamburg 2017.

29 Vgl. Zick, Andreas; Jensen, Silke; Marth, Julia; Krause, Daniela; Döring, Geraldine: *Verbreitung von Antisemitismus in der deutschen Bevölkerung. Expertise für den unabhängigen Expertenkreis Antisemitismus*, Bielefeld 2017.

30 Abla: türkische Respektsbekundung. Wörtlich: ältere Schwester.

31 Kızım: türkische Anrede. Wörtlich: meine Tochter.

32 Omri Boehm in seiner Dankesrede auf der Leipziger Buchmesse vom 20.03.2024. https://www.zeit.de/kultur/2024-03/leipziger-buchmesse-omri-boehm-judentum-freundschaft/komplettansicht [letzter Zugriff 12.08.2024].

33 Bregman, Rutger: *Im Grunde gut. Eine neue Geschichte der Menschheit*, München 2021.

34 Norbury, James: *Großer Panda und Kleiner Drache*, München 2022.

35 Hızarcı, Sefalet: »Mensch ist Mensch«, in: *Jüdische Allgemeine* vom 22.12.2019. https://www.juedische-allgemeine.de/politik/mensch-ist-mensch/ [letzter Zugriff 12.08.2024].

Inhalt